세상을 바꾸는 창의성,
TED 강연 100

세상을 바꾸는 창의성,
TED 강연 100

톰 메이 지음 | 정윤미 옮김

동아엠앤비

CONTENTS

서문

TED에서 정말 좋은 강연을 들어 본 사람은 강연이야말로 힘을 얻고 기운을 내고 새로운 영감을 얻을 수 있는 더할 나위 없이 좋은 기회라는 점을 이해할 것이다. 사실 많은 사람이 그런 강연을 더 많이 찾아보고 싶다고 느낀다.

TED 강연은 온라인에서 무료로 시청할 수 있지만 이를 다 보려면 수천 시간이 걸리기에 자리를 잡고 앉아서 일일이 강연을 듣는 것은 대체로 실용적이지 않다. 그래서 이 책이 마련된 것이다. 일종의 맛보기 메뉴를 제공하는 것처럼, 창의적인 일을 해내야하는 독자에게 가장 좋은 TED 강연을 엄선하여 소개한다. 또한 강연자의 예리한 통찰력을 전문적인 용어가 아니라 누구나 쉽게 이해할 수 있는 말로 풀어서 전달한다.

이 책을 읽으면 창의성 분야는 물론이고 여러 방면에서 활동하는 전문가들이 TED 강연을 통해 알려주는 주옥같은 조언을 얻게 된다. 당장 오늘부터 실생활에 적용할 수 있도록 먹기 좋은 크기로 잘라 놓은 음식처럼 간단하게 정리하여 제시하였다. 이 책을 읽으면 TED 강연을 처음부터 끝까지 다 듣지 않고도 창의성이 높아지고 새로운 아이디어가 떠오르며 업무와 관련된 기술을 크게 발전시킬 수 있을 것이다. 만약 이 책의 특정 문구나 조언이 마음에 크게 와닿았다면 해당 강연을 찾아서 전부 들어 보는 것도 좋은 생각이다. 각 강연을 바로 들어볼 수 있는 QR 코드도 수록했다.

이 책에 소개된 몇몇 강연은 그림, 그래픽 디자인, 시와 같은 특정한 직업군에 초점을 맞춘다. 하지만 대부분의 강의는 일반적이고 폭넓은 주제를 다루며, 강연에서 제공된 아이디어나 실용적인 조언은 예술, 조각, 삽화, 디자인, 애니메이션, 글쓰기, 음악, 영화제작, 연기 등 창의성을 요구하는 모든 분야에 적용할 수 있다. 더 나아가 창의성, 상상력, '틀을 벗어난 사고'를 필요로 하는 작업이라면 어디에나 적용해도 된다.

정리하자면, 이 책은 인생을 살아가는 데 필요한 교훈과 실용적인 조언으로 가득 차 있다. 어떤 분야에 종사하든 관계없이, 누구나 이 책을 통해 자신의 창의성과 기술을 한 단계 끌어올릴 수 있을 것이다.

이 책을 활용하는 방법

설명이 늦었지만 TED는 미국에서 주최되는 연례 국제 콘퍼런스로 Technology, Entertainment, Design의 약자이다. '퍼뜨릴만한 아이디어(Ideas Worth Spreading)'라는 기치 아래 1984년부터 각 분야 전문가들이 모여 발표를 하고 이야기를 나눠 왔다.

이 책은 이러한 강연 중에서 창의성에 관련된 내용을 엄선해 쉽고 빠르게 내용을 찾을 수 있도록 디자인했다. 처음부터 차례대로 읽어도 되고 뒤에서 거꾸로 읽어도 된다. 한마디로 어느 곳이든 목차에서 읽고 싶은 강연을 찾아 본인에게 도움이 되는 내용부터 읽으면 된다.

무엇보다도 TED 강연을 직접 듣지 않아도 이 책을 재미있게 읽을 수 있다. 물론 실제로 강연을 들어 보면서 더 깊이 있는 내용을 알고 싶어질 수도 있겠지만 걱정할 필요는 없다.

각 주제별로 해당 강연과 참고용 강연 영상을 직접 열람할 수 있는 QR 코드를 삽입해 두었다. 스마트폰 카메라로 QR 코드를 보면 URL이 뜨는데 이를 터치하여 유튜브 영상에 접속이 가능하다. 대부분의 영상에는 자원 봉사자들이 번역한 한글 자막이 달려 있어 이해를 도와줄 것이다.

이 책을 그냥 읽어도 좋고, 이를 발판 삼아 더 많은 TED 강연을 직접 들어도 좋다. 지금부터 마음을 활짝 열고 좋은 영감을 얻어서 창의성을 마음껏 펼쳐보기를 바란다. 자신의 취미나 직업과 관련하여 전혀 생각해 보지 못한 새로운 관점을 접하게 될 것이다.

개방적인 자세로
새로운 사고방식을 받아들여라

창의성을 높이는 첫 번째 단계는 새로운 사고방식과 세상을 인지하는 새로운 관점을 개방적으로 받아들이는 것이다.

어린아이처럼 생각하라

'어른'이라는 굴레를 벗어던지면
상상력에 날개를 달 수 있다.

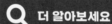

창의력을 더 발전시키고 싶다면 어린아이처럼 생각해야 한다. IDEO라는 디자인회사의 대표인 팀 브라운(Tim Brown)은 어떻게 실생활에서 어린아이처럼 생각할 수 있는지 간단한 예를 들어 설명한다.

'창의성과 놀이'라는 제목의 강연에서 브라운은 청중에게 종이 한 장을 꺼내어 옆 사람을 30초 내로 그려 보라고 했는데 자기 그림이 엉망진창이라며 웃음을 터트리거나 무안해하는 반응이 많았다. 브라운은 "'어쩌면 좋아. 너무 미안해요'라고 하시는 분이 많네요."라고 말하면서 이렇게 설명했다. "어른에게 그림을 그려 보라고 하면 다들 이런 반응을 보입니다."

문제는 바로 여기에 있다. 브라운은 "아이들은 이런 활동을 하면서 전혀 무안해하지 않아요."라고 지적한다. "아이들은 자기가 그린 걸작을 누구에게나 거리낌 없이 보여줍니다. 하지만 어른이 되면 주변의 시선을 의식하기 시작하죠. 그래서 어린아이였을 때 누리던 자유를 잃어버리고 맙니다."

간단히 말해서 독창적이고 창의적인 아이디어를 내려면 다른 사람의 판단에서 해방되어야 한다. 어린아이처럼 말이다. 브라운은 한 가지 실천 방안을 제시하는데, 창의성이 요구되는 업무나 일을 잘 조직된 놀이의 형태로 바꾸면 된다는 것이다.

브라운은 그림 그리기를 예로 들어 설명한다. "친구들과 술집에서 술을 마시면서 옆 사람의 얼굴 그리기를 한다고 상상해 보세요. 그림을 가장 못 그린 사람이 2차에 가서 술값을 내야 한다고 정합시다. 이렇게 규칙을 정하면, 자칫 무안해지거나 분위기가 딱딱해질 수 있는 상황에서 벗어나 즐겁게 게임에 몰두하게 됩니다. 게임에 참가하는 모든 사람이 안정감을 느끼게 되죠."

이처럼 창의성이 요구되는 작업을 어떻게 게임으로 만들지 고심해 보라. 만약 게임으로 만들 수만 있다면 다들 어린 시절에 그랬던 것처럼, 내면의 어린아이를 끄집어내서 상상력의 나래를 마음껏 펼치게 될 것이다.

🔍 더 알아보세요

팀 브라운:
'창의성과 놀이'
2008년

하룬 로버트(Harun Robert):
'어린아이처럼 생각하라'
2014년

> **아이들은 이런 활동을 하면서 전혀 무안해하지 않아요.**
>
> 팀 브라운

30일의 도전

이 방법을 사용하면 창의력을 옭아매는 거미줄을
제거할 수 있다.

 꼭 해 보고 싶은 일이 있었는데 아직 시도
조차 하지 못하고 있는가? 매트 커츠(Matt
Cutts)는 자신의 강연에서 그런 일이 있으
면 딱 30일만 투자해 보라고 제안한다. 그는 구글에
근무하는 엔지니어인데 막다른 골목에 다다른 느낌
이 들 때면 30일간 자기가 해 보고 싶은 일에 몰두한
다. 한 달 동안 매일 사진 한 장을 찍는 것처럼 아주 간
단한 일부터 시작하는 것이다. 별것 아닌 것처럼 보이
지만 그의 생활에 큰 영향을 주었다.

커츠는 이렇게 설명한다. "30일이면 새로운 습관
을 만들거나 그동안 해 오던 습관, 이를테면 뉴스 시
청하기와 같은 습관을 없애기에 충분합니다. 아무것
도 시도하지 않고 시간을 흘려보내면 몇 달이 금방 지
나가 버리죠. 하지만 이렇게 한 달을 사용하면 잊지
못할 시간이 될 겁니다. 불과 한 달 전에 내 모습이 어
땠는지 정확히 기억할 수 있고, 매일 어떤 일을 반복
했는지 기억하기 쉽죠. 사실 저는 30일의 도전을 더
자주 실천하고 더 열심히 몰두할수록 자존감이 높아
지는 것을 느낍니다. 종일 컴퓨터만 쳐다보는 답답한

괴짜였는데, 이제는 자전거로 출퇴근하는 사람으로
바뀌었어요. 자전거를 타면 재미있거든요!"

커츠는 여기서 더 나아가 킬리만자로 산꼭대기
를 정복했고 소설도 집필했다. 한때는 절대 못 해낼
거라 생각했던 두 가지 일을 해내고서 그가 얻은 교훈
이 있다. 진정 간절하게 해 보고 싶은 일이 있다면 일
단 30일간 시도해 보면 된다는 것이다.

"대체 뭘 기다리는 겁니까? 이 방법이 효과가 있
다는 건 제가 보장합니다. 여러분이 원하든 원하지 않
든 지금부터 30일이라는 시간은 흘러갈 겁니다. 정말
해 보고 싶었던 일이 있다면 그냥 한 번 시도해 보는
게 어떨까요? 앞으로 30일만 투자해 보세요."

> **자신이 정말 해 보고 싶은
> 일이 무엇인지 생각해 보고
> 바로 실천에 옮기세요.**
> 매트 커츠

🔍 TED 강연 들어보기

매트 커츠:
'예전에 해 본 적이 없는 일을
30일간 시도해 보세요'
2011년

엠마 반 데르 메르웨(Emma Van Der Merwe):
'겁이 나는 일인데도
매일 꾸준히 하는 이유'
2016년

한 번에 많은 일을 처리해 보라

멀티태스킹을 하면 창의력이 더 높아진다.

어떤 일을 성공적으로 잘 해내려면 어떻게 하는가? 아마 다른 일을 모두 제쳐놓고 그 일에만 집중하려고 마음먹을 것이다. 그런데 팀 하포드(Tim Harford)라는 작가는 그것이 좋지 않은 방법이라고 지적한다. 그는 '타고난 창의성을 발휘하는 놀라운 방법'이라는 강연에서 멀티태스킹을 하면 창의력과 업무 생산성이 더 높아진다고 말한다.

하포드에 의하면 전 세계에서 손꼽을 정도로 높은 창의력을 지속해서 보이는 사람들은 여러 개의 프로젝트는 동시에 진행하는데, 분위기나 기분에 따라 어느 프로젝트를 먼저 처리할지 결정한다. 알베르트 아인슈타인, 찰스 다윈, 트와일라 타프, 마이클 크라이튼과 같은 수많은 사람이 이런 방식으로 영감을 얻거나 업무 생산성을 높였다. 하포드는 이들에게 이런 공통점이 있는 것이 결코 우연이 아니라고 생각한다.

"창의성은 어떤 아이디어를 기존의 환경에서 다른 장소로 옮길 때 발현됩니다. 새로운 장소에 적응하기 위해 애쓰는 과정에서 창의적인 아이디어가 떠오르기 쉽기 때문이지요."

하포드는 멀티태스킹에서 이러한 효과를 얻으려면 정신없이 바쁘게 움직이지 말고 천천히 진행하는 것이 중요하다고 지적한다. "우리는 시간이 너무 부족해서 어쩔 수 없이 한 번에 여러 가지 일을 하는 경우가 많습니다. 그럴 때는 마음이 정말 급하죠. 한 번에 모든 일을 다 끝내야 한다고 생각하니까요. 하지만 의도적으로 멀티태스킹을 천천히 진행해 보세요. 그러면 예상외로 일의 능률이 크게 오를 겁니다."

하포드는 이것을 '크로스 워드 퍼즐을 푸는 것'에 비유했다. "퍼즐이 안 풀리는 것은 머릿속에 떠오르는 틀린 답을 버리지 못하기 때문이죠." 그럴 때는 어떻게 해야 할까? 그는 이렇게 결론을 내렸다. "주제나 환경을 바꾸어야 합니다. 머릿속에서 틀린 답을 지워버려야 여유 공간이 생기면서 정답이 떠오를 겁니다."

🔍 TED 강연 들어보기

팀 하포드:
'타고난 창의성을 발휘하는
놀라운 방법'
2018년

데이브 콘스웨이트(Dave Cornthwaite):
'매일 새로운 일을 해 보세요'
2014년

걸으면 아이디어가 나온다

다리를 움직이면 두뇌 활동이 더욱 활발해진다.

창의성이 요구되는 작업에서 한 걸음 앞으로 나아갈 방안을 찾느라 머리가 복잡해질 때가 있다. 그럴 때면 밖에 나가서 산책이라도 하며 머리를 식히고 싶은 마음이 굴뚝같을 것이다. 하지만 사람들은 보통 밖에 나가고 싶은 마음을 억누르고 지금은 '어금니를 꽉 깨물고' 이 문제를 '제대로' 해결하는 데 집중해야 한다며 자신을 다독인다.

하지만 행동과 학습을 연구하는 과학자인 마릴리 오페조(Marily Oppezzo)는 그럴 때 밖에 산책하러 나가는 편이 훨씬 낫다고 말한다. 야외에서 산책하든 실내에서 러닝머신을 하든 걷기는 창의력을 높이는 데 실제로 도움이 되기 때문이다.

오페조는 '창의성을 키우고 싶으면 산책하세요'라는 강연에서 다양한 사람들을 대상으로 진행한 네 가지 연구 결과를 언급했다. 그녀는 연구 참가자에게 매일 사용하는 물건을 색다르게 사용할 방법을 가능한 한 많이 생각해 보라고 요청했다. 이를테면 "열쇠로 또 어떤 일을 할 수 있을까요?"라고 질문하는 식이었다.

테스트를 하기 전에 가만히 앉아 있던 사람은 1인당 평균 20개의 아이디어를 내놓았다. 하지만 테스트 직전에 산책을 한 사람은 그보다 약 2배나 많은 대안을 제시했다.

그녀는 어떤 집단에서 또 다른 흥미로운 차이점을 발견했다. 몇몇 사람은 산책 후 잠시 앉아 있다가 테스트에 참여했고, 다른 사람들은 산책을 마친 후에 곧바로 테스트에 참여했는데 후자의 테스트 결과가 훨씬 생산적이었다. 오페조는 이 점을 근거로 다음과 같은 결론을 내렸다. "이 결과를 보고 어떤 생각이 드시나요? 이제 중요한 회의가 생기면 그전에 좀 걸어 보세요. 그러면 브레인스토밍을 바로 시작할 수 있을 겁니다."

🔍 TED 강연 들어보기

매트 커츠:
'창의력을 키우고 싶다면
산책하세요.'
2017년

. . . .

웬디 스즈키(Wendy Suzuki):
운동이 어떻게 두뇌를
바꾸는 효과를 발휘하는가?'
2017년

미루는 습관을 긍정적인 것으로 바꿔 보라

할 일을 미루는 것이 오히려 유익할 수 있다.

일반적으로 미루는 습관은 좋지 않다고 여겨진다. 동기 부여를 주제로 하는 연사나 인생 코치는 이런 말을 입버릇처럼 한다. "할 일을 계속 생각만 하지 말고 그냥 바로 시작하세요!" 하지만 애덤 그랜트(Adam Grant)라는 심리학자는 '창의적인 사고를 하는 사람들이 지닌 놀라운 습관'이라는 강연에서 적당히 미루는 습관은 사실 창의성을 높이는 데 도움이 된다고 말한다.

그는 이에 대한 근거로 '레오나르도 다빈치'의 사례를 언급한다. "다빈치는 모나리자라는 작품 때문에 16년간 고심했습니다. 자기 실력이 형편없다고 생각했죠. 실제로 일기에 그런 심정을 토로하기도 했어요. 그렇게 고민하면서 광학적으로 새로운 시도를 했는데 그 후로 빛을 모델링하는 방식이 달라졌습니다. 결국 화가로서 크게 발전할 수 있었죠."

그랜트는 마틴 루터 킹 주니어를 또 다른 사례로 언급했다. "그는 '워싱턴 행진'에서 자기 생애를 통틀어 가장 훌륭한 강연을 했지만, 전날 밤에 새벽 3시를 훌쩍 넘긴 시간까지 강연 원고를 고쳤죠. 심지어 청중 사이에 앉아서 연단에 올라갈 차례를 기다릴 때도 계속 원고를 고치느라 바빴습니다. 그렇게 해서 무대에 선 지 11분 만에 역사의 흐름을 바꾼 '나에게는 꿈이 있습니다'라는 유명한 말을 했어요. 하지만 그 말은 정작 원고에 없었죠."

정리하자면, 마지막 순간까지 일을 미루는 태도나 습관이 때로는 믿기 어려울 만큼 놀라운 결과를 가져오기도 한다는 것이다. 이는 게으름을 피우는 것과는 조금 다른 문제이다. 할리우드에서 영화 감독이자 시나리오 작가로 활동하는 아론 소킨(Aaron Sorkin)은 이렇게 말했다. "사람들은 할 일을 미루기라는 표현을 쓰지만 나는 그걸 가리켜서 생각하는 중이라고 표현하고 싶습니다." 좀 느리게 일을 처리하는 태도에 대해 더 알아보고 싶다면 168쪽을 읽어 보길 바란다.

🔍 TED 강연 들어보기

애덤 그랜트:
'창의적인 사고를 하는
사람들이 지닌 놀라운 습관'
2016년

팀 어반(Tim Urban):
'할 일을 미루는 면에서는 최고라고
할 수 있는 사람은 과연
무슨 생각을 하고 있을까?'
2016년

레오나르도 다빈치를 생각해 보세요. 그는 모나리자라는 작품 때문에 16년간 고심했습니다. 자기 실력이 형편없다고 생각했죠.

애덤 그랜트

쓸데없는 것들을 만들어 보라

머릿속에서 '안돼'라는 말이 들려도 무시하고
재미를 주구해야 한다.

창의성이 요구되는 작업에서 한 걸음 앞으로 나아갈 방안을 찾느라 머리가 복잡해질 때가 있다. 그럴 때면 밖에 나가서 산책이라도 하며 머리를 식히고 싶은 마음이 굴뚝같을 것이다. 하지만 사람들은 보통 밖에 나가고 싶은 마음을 억누르고 지금은 '어금니를 꽉 깨물고' 이 문제를 '제대로' 해결하는 데 집중해야 한다며 자신을 다독인다.

하지만 행동과 학습을 연구하는 과학자인 마릴리 오페조(Marily Oppezzo)는 그럴 때 밖에 산책하러 나가는 편이 훨씬 낫다고 말한다. 야외에서 산책하든 실내에서 러닝머신을 하든 걷기는 창의력을 높이는 데 실제로 도움이 되기 때문이다.

오페조는 '창의성을 키우고 싶으면 산책하세요'라는 강연에서 다양한 사람들을 대상으로 진행한 네 가지 연구 결과를 언급했다. 그녀는 연구 참가자에게 매일 사용하는 물건을 색다르게 사용할 방법을 가능한 한 많이 생각해 보라고 요청했다. 이를테면 "열쇠로 또 어떤 일을 할 수 있을까요?"라고 질문하는 식이었다.

테스트를 하기 전에 가만히 앉아 있던 사람은 1인당 평균 20개의 아이디어를 내놓았다. 하지만 테스트 직전에 산책을 한 사람은 그보다 약 2배나 많은 대안을 제시했다.

그녀는 어떤 집단에서 또 다른 흥미로운 차이점을 발견했다. 몇몇 사람은 산책 후 잠시 앉아 있다가 테스트에 참여했고, 다른 사람들은 산책을 마친 후에 곧바로 테스트에 참여했는데 후자의 테스트 결과가 훨씬 생산적이었다. 오페조는 이 점을 근거로 다음과 같은 결론을 내렸다. "이 결과를 보고 어떤 생각이 드시나요? 이제 중요한 회의가 생기면 그전에 좀 걸어 보세요. 그러면 브레인스토밍을 바로 시작할 수 있을 겁니다."

🔍 TED 강연 들어보기

시몬 기얼즈:
'쓸데없는 것을
만들어야 하는 이유'
2018년

크리스 그리피스(Chris Griffiths):
'다르게 생각하기'
2017년

66

우리는 이 세상이 정확히 어떻게
돌아가는지 잘 안다고 생각해서
스스로 사고를 제한하죠. 하지만
쓸데없는 것을 만들다 보면 그런
생각에 연연하지 않게 됩니다.

시몬 기얼츠

99

젊은 세대에 귀를 기울여라

나이 든 사람만 남을 가르칠 수 있는 것은 아니다.

다양한 관점을 접하면 자극을 받아서 새로운 창의적인 아이디어를 떠올릴 수 있다. 이를 위한 가장 손쉬운 방법은 다양한 세대의 사람들을 만나보고 그들과 교류하는 것이다.

칩 콘리(Chip Conley)는 '베이비붐 세대가 직장에서 밀레니엄 세대에게 배울 점과 밀레니엄 세대가 베이비붐 세대에게 배울 점'이라는 강연을 했다. 그는 기업이 더 강해지려면 다양한 연령층이 함께 모여서 각 세대가 서로에게 배우려는 문화가 조성되어야 한다고 주장한다. 하지만 현실을 보면 "우리는 서로 지혜를 주고받을 정도로 상대를 신뢰하지 않는 경우가 종종 있다."라고 그는 말한다. 아마 나이 든 사람만이 남을 가르칠 수 있다는 사고방식을 떨치지 못하기 때문일 것이다.

하지만 콘리는 요즘 혁신을 선도하는 기업은 대부분 젊은 세대가 설립한 것이라면서 구세대와 신세대가 서로 교훈을 주고받는 관계가 되어야 한다고 지적한다. 그는 "이제 나이 든 사람은 멘토 역할을 할 수도 있겠지만, 반대로 인턴의 역할을 해야 할지도 모릅니다."라고 말한다. "세상은 하루가 다르게 달라집니다. [밀레니얼 세대처럼] 기성세대도 초심자의 자세를 갖춰야 하죠. 호기심을 촉매로 삼아 초심자의 자세로 돌아간다면 본인은 물론이고 주변 사람의 삶도 더욱 개선되는 묘약이 될 겁니다."

콘리는 '세대 간 즉흥 연주'라는 표현을 사용하는데, 사실 음악가들 사이에서는 이것이 오랫동안 당연한 관행으로 여겨졌다. 그는 "토니 베넷과 레이디 가가, 트럼펫 연주자 윈튼 마살리스(Wynton Marsalis)와 재즈계의 신예가 함께하는 음악을 생각해 보세요."라고 제안한다. 어느 분야에 종사하든 '서로에게 멘토가 되어준다면' 자신을 더욱 발전시키거나 더 창의적인 일 처리 방식을 찾을 수 있을 것이다.

🔍 TED 강연 들어보기

칩 콘리:
'베이비붐 세대가 직장에서 밀레니엄 세대에게 배울 점과 밀레니엄 세대가 베이비붐 세대에게 배울 점'
2018년

아도라 스비타크(Adora Svitak):
'어른이 아이에게서 배울 수 있는 것'
2017년

우리는 서로 지혜를 주고받을 정도로 상대를 신뢰하지 않는 경우가 종종 있다.

칩 콘리

다른 사람의 아이디어를 리믹스하라

기존의 아이디어를 결합하면 새로운 것이 나올 수 있다.

창의적으로 생각해 보기로 결심했다면 자신의 업무에서도 창의적인 결과를 산출하고 싶을 것이다. 이때 다른 사람에게 영감을 얻어서는 안 된다고 스스로 제한할 필요는 없다. 오히려 다른 사람의 아이디어를 기존과 다르게 구성하거나 연결하여 새로운 것을 만들어 내는 것이 특별하고 대단한 결과물을 만들어 내는 한 가지 방법이 될 수 있다.

커비 퍼거슨(Kirby Ferguson)은 '리믹스를 받아들여라'라는 강연에서 이미 많은 사람을 통해 이 방법의 효과가 입증되었다고 설명한다. 그는 헨리 포드의 유명한 말을 인용하기도 했다. "나는 새로운 것을 발명하지 않았다. 수백 년에 걸쳐 다른 사람이 발견한 것을 그저 연결하고 조합했을 뿐이다." 파블로 피카소도 비슷한 명언을 남겼다. "우수한 예술가는 남의 작품을 베끼지만 위대한 예술가는 이를 몰래 훔쳐 온다."

최근의 사례를 들자면, 퍼거슨은 밥 딜런을 두고 이런 말을 했다. "포크송 가수라면 다들 그렇듯이 밥 딜런도 멜로디를 베껴와서 바꾼 다음, 새로 가사를 입혔다. 종종 이전에 만든 곡을 직접 조합하기도 했다." 스티브 잡스도 이와 비슷했다. 그는 기존의 여러 기술을 '리믹스'해서 모든 것을 정복해버린 아이폰을 탄생시켰다.

요약하자면, 사람들이 가장 칭송하는 크리에이터가 남의 것을 빌려 오거나 몰래 훔쳐 와서 변형을 가한 사례는 흔하다는 것이다. 그러니 그들처럼 시도해 보는 것을 주저할 필요가 없다. 퍼거슨은 "우리의 창의성은 내면이 아니라 외부에서 나온다."라는 말을 남겼다. "우리는 독립적인 존재가 아니고 서로 의존하는 연결된 존재다." 이를 솔직히 인정한다고 해서 스스로 평범하거나 보잘것없는 변종일 뿐이라고 여긴다는 의미는 아니다. 오히려 그렇게 할 때 해묵은 오해에서 해방될 수 있다." 리믹스에 대해 더 많은 점을 알고 싶다면 72쪽을 읽어 보길 바란다.

🔍 TED 강연 들어보기

커비 퍼거슨:
'리믹스를 받아들여라'
2012년

골란 레빈(Golan Levin):
'당신을 뒤돌아보는 예술'
2019년

유도성 숙달

차근차근 두려움을 극복하라.

지금까지 창의적인 아이디어를 내는 여러 가지 방법을 살펴보았다. 그런데 아이디어는 많아도 그에 대해 자신감이 없는 경우는 어떨까? 세계적인 디자인 기업 IDEO의 창립자 데이비드 켈리(David Kelley)는 '창의성에 관한 자신감을 키우는 방법'이라는 강연에서 '유도성 숙달(guided mastery)'을 통해 자신감을 키우는 방법을 공개했다. 유도성 숙달이라는 말은 심리학자 앨버트 반두라(Albert Bandura)가 처음 사용했다. 그는 일련의 단계를 통해 사람들이 뱀에게 느끼는 두려움을 해소한 것으로 유명하다.

이 일에 대해 켈리가 한 설명을 들어 보자. "사람들을 데리고 양방향 거울 앞으로 데려갔습니다. 그 거울을 통해 뱀이 있는 방을 들여다볼 수 있었죠. 우선 사람들은 안심시켜서 편안하게 해 준 다음 여러 단계를 거쳐 차근차근 문 가까이로 데려가 결국에는 열린 문 앞에 서게 했습니다. 사람들은 문 사이로 방안을 들여다보았습니다. 나는 사람들이 그 상황에 익숙해지게 도와주었습니다. 결국 그들은 두려움을 떨쳐내고 뱀을 직접 만져 보았습니다."

자신감이 없다는 것은 결국 실패를 두려워한다는 뜻이다. 그러므로 두려움에 직면하려면 앞서 뱀을 만진 사람들처럼 서서히 단계를 밟아 나가야 한다. 그러다 보면 두려움이 썰물처럼 뒤로 빠져나가서 사라질 것이다. 켈리는 스탠퍼드대학교의 하소플래트너디자인연구소(Hasso Plattner Institute of Design)에 이 과정을 적용했으며, 덕분에 많은 사람이 본인이 생각하는 것보다 훨씬 창의적일 수 있다는 점을 깨닫게 되었다.

그는 이렇게 설명한다. "다양한 학문을 연구하는 사람들을 만나봤어요. 다들 자기가 분석적인 성향만 지녔다고 생각하더군요. 하지만 위 단계를 경험하고 나면, 자신감이 생기면서 자신을 달리 생각하게 됩니다."

🔍 TED 강연 들어보기

데이비드 켈리:
'창의성에 관한 자신감을 키우는 방법'
2012년

· ·

팀 페리스(Tim Ferriss):
'목표가 아니라 두려움을 정의해야 하는 이유'
2017년

사회적 통념에서 벗어나라

일 처리 방식이 마음이 들지 않는가? 전부 엎어버려라!

> **사회적 통념 중에서 일반적인 관습이긴 하지만 지혜롭다고 할 수는 없는 부분이 얼마나 될까?**
>
> 프랭클린 레오나드(FRANKLIN LEONARD)

아무리 열심히 노력해도 이렇다 할 성과가 보이지 않는다면 어떻게 해야 할까? 어쩌면 규칙이나 방식을 아예 바꿔야 할지도 모른다. 프랭클린 레오나드는 실제로 그렇게 했다. 그는 '우연히 영화 제작 방식을 바꿔버렸다'라는 강연에서 자세한 점을 언급했다.

2005년에 그는 레오나르도 디카프리오의 프로덕션 회사인 아피안웨이(Appian Way)에서 근무하고 있었다. 그가 맡은 업무 중 하나는 시나리오를 검토하는 것이었다. "기본적으로 분류를 하는 거죠. 분류작업을 하다 보면 자기도 모르게 '효과적인 것'과 '그렇지 않은 것'에 대한 일반 통념을 따르게 됩니다."

하지만 그는 '일반 통념'이 항상 옳은 것이 아니며, 그 때문에 여성이나 유색 인종에 초점을 맞춘 훌륭한 시나리오가 걸러진다는 것을 알게 되었다. 그래서 레오나드는 업계 관계자 75명에게 이메일을 보내서 그들의 마음에 쏙 들었지만 영화 등의 작품으로 만들어지지 않은 것이 있으면 보내달라고 요청했다.

그는 사람들이 보내준 시나리오를 스프레드시트로 정리하고 '블랙리스트'라고 이름을 붙인 다음, 이메일에 답장해 준 사람에게 다시 보내주었다. 놀랍게도 블랙리스트는 업계 내의 많은 사람에게 공유되었고 커다란 반향을 일으켰다.

6개월 후에 어떤 에이전시에서 그에게 시나리오를 소개하면서 이렇게 덧붙였다. "이 시나리오는 정말 믿을 수 있어요. 내년 블랙리스트에서 아마 1위를 차지할 겁니다." 레오나드는 어이가 없었다. 그 에이전시는 블랙리스트가 어떻게 생겨났는지 전혀 모르는 것 같았다. 블랙리스트는 상상 이상으로 큰 영향력을 행사하고 있었다.

바로 그때 레오나드는 또 다른 블랙리스트를 만들기로 마음먹었다. 그 일은 연례행사가 되었고, 그 결과로 '주노', '슬럼독 밀리어네어', '미스 리틀 선샤인' 같은 작품이 탄생해 모두 크게 환영받았다.

그는 어떤 교훈을 얻었을까? "일반적으로 우리는 사회적 통념을 출발선으로 사용합니다. 하지만 우리는 사회적 통념 중에서 일반적인 관습이긴 하지만 지혜롭다고 할 수 없는 부분은 얼마나 될지, 그리고 사회적 통념 때문에 무엇을 희생하고 있는지 계속 자문해야 합니다."

🔍 TED 강연 들어보기

프랭클린 레오나드:
'우연히 영화 제작 방식을
바꿔버렸다'
2018년

더그 버검(Doug Burgum):
'용기와 호기심을 통해
일반 통념을 조월하라'
2012년

자기 불신과 대화를
나누어라

허공에 대고 속내를 터놓으면 창의성을 가로막는
장애물을 극복할 수 있다.

> ❝
> **그는 하늘을 올려다보며 이렇게**
> **말했다. "이봐 지금 내가 운전 중인**
> **거 안 보여?"** ❞
> 엘리자베스 길버트(Elizabeth Gilbert)

창작 활동을 하는 사람은 누구나 자기 의심에 맞서 싸워야 한다. 하지만 『먹고 기도하고 사랑하라(Eat, Pray, Love)』의 저자인 엘리자베스 길버트는 전설적인 음악가인 톰 웨이츠(Tom Waits)에게 한 가지 좋은 방법을 배웠다. 길버트는 '손에 잡히지 않지만 당신이 가지고 있는 천재적인 창의성'이라는 강연에서 그 점을 설명했다. 하루는 톰 웨이츠가 운전대를 잡고 고속도로를 달리고 있었는데, 갑자기 짧은 멜로디가 머릿속에 떠올랐다. 하지만 당장 멜로디를 받아적을 수 없었기에 그것을 잊어버릴까 봐 전전긍긍하게 되었다.

결국 웨이츠의 마음에는 온갖 두려움과 자신에 대한 불신이 피어오르기 시작했다. 사실 그는 음악가

로 살아오면서 그런 감정과 계속 힘겹게 싸워야 했다. 그런데 이번에는 예전과 다르게 한 가지 뜻밖의 행동을 했다. "그는 하늘을 올려다보며 이렇게 외쳤습니다. '이봐 지금 내가 운전 중인 거 안 보여? 내가 지금 당장 곡을 받아적을 수 있는 상황처럼 보이는 건가? 당신이 정말 존재한다면, 내가 당신을 맞이할 수 있는 더 적절한 시간에 다시 찾아오란 말이야. 그렇게 하지 않을 거면 오늘은 다른 사람을 찾아가 보는 게 나을 거야. 레너드 코헨을 찾아가서 한번 괴롭혀 봐.'"

몇 년이 흐른 뒤에 길버트도 같은 '절망의 구렁텅이'에 빠지고 말았다. 『먹고 기도하고 사랑하라』의 후속 저서가 '그녀의 일생에서 최악의 작품'이 될지도 모른다는 두려움 때문이었다. 이때 길버트는 톰 웨이

츠가 제시한 방법을 따라 해 보았는데, 놀랍게도 효과가 있었다. 『결혼해도 괜찮아(Committed)』라는 책은 결국 《뉴욕타임스》의 베스트셀러 목록에서 57주 동안 1위를 차지했다.

그러니 혹시 자신에 대한 확신이 사라지는 느낌이 들면, 허공에 대고 속 시원히 말해 보면 어떨까? 큰 소리로 답답한 심정을 모두 쏟아내고 자신에 대한 의심도 떨쳐버리면 된다. 어리석은 행동처럼 보일지 모르나 분명 효과가 있을 것이다.

TED 강연 들어보기

엘리자베스 길버트:
'손에 잡히지 않지만 당신이 가지고 있는 천재적인 창의성'
2009년

멜리사 루트(Melissa Root):
'자신에 대한 의심을 걷어내고 마음속 깊은 곳을 들여다 보아라'
2017년

스마트하게 색다른 곳에서 영감을 찾아라

우리는 모두 창의성에 도움이 되는 영감을 원한다. 하지만 뻔한 곳에 눈길을 주면 남들과 비슷한 생각을 하게 된다. 2장에서는 성공한 사람들이 어떻게 전혀 예상치 못한 곳에서 영감을 얻었는지 알아보자.

부고 기사를 읽어 보라

죽음에서 인생에 관한 매우 긍정적인 이야기를 찾을지 모른다.

새로운 영감의 원천을 찾는 중인가? 그렇다면 매일 쏟아져나오는 부고 기사를 읽어 보라. 거기에는 영감을 불러일으키는 소재가 무궁무진하다.

럭스 나라얀(Lux Narayan)이라는 기업가는 매일 아침 스크램블드에그를 먹으면서 "오늘은 누가 왜 죽었지?"라는 질문을 떠올린다. 이렇게 하면 일반적인 뉴스를 접할 때 느끼는 부정적인 감정에 휩쓸리지 않고 적절한 균형을 유지하는 데 도움이 된다.

그는 '2천 개의 부고에서 배운 점'이라는 기사에서 이렇게 말한다. "다들 아시겠지만, 신문 1면은 늘 부정적인 뉴스들로 가득하죠. 인간이 얼마나 못난 존재인지 적나라하게 보여줍니다." 하지만 반전도 있다. "신문의 가장 마지막에는 부고란이 있는데, 여기에서는 부정적인 소식이 긍정적인 신호를 제공합니다."

나라얀은 20개월 치 부고를 모두 분석하였으며 인류는 우리가 흔히 듣는 부정적인 뉴스에서 말하는 것보다 훨씬 더 놀라운 업적을 이룰 역량이 있다는 점을 깨달았다. "부고 기사는 대부분 놀라운 일을 해낸 사람들을 소개합니다. 유명한 분도 있고 이름이 전혀 알려지지 않은 사람도 있습니다. 그들은 인생에 긍정적인 발자취를 남겼죠. 누군가에게 도움을 준 사람들입니다."

우리는 여기서 무엇을 배울 수 있을까? 나라얀은 이렇게 말한다. "자신의 일상을 돌아보면서 이렇게 자문해 보세요. '나는 사회에 도움이 되기 위해 내가 가진 재능을 어떻게 사용하고 있는가?' 죽어서 유명해지려고 애쓰는 사람이 많아질수록 이 세상은 훨씬 더 살기 좋은 곳이 될 겁니다."

🔍 TED 강연 들어보기

럭스 나라얀:
'2천 개의 부고에서 배운 점'
2017년

민케 해브먼(Minke Haveman):
'유산을 남기는 것의 중요성'
2015년

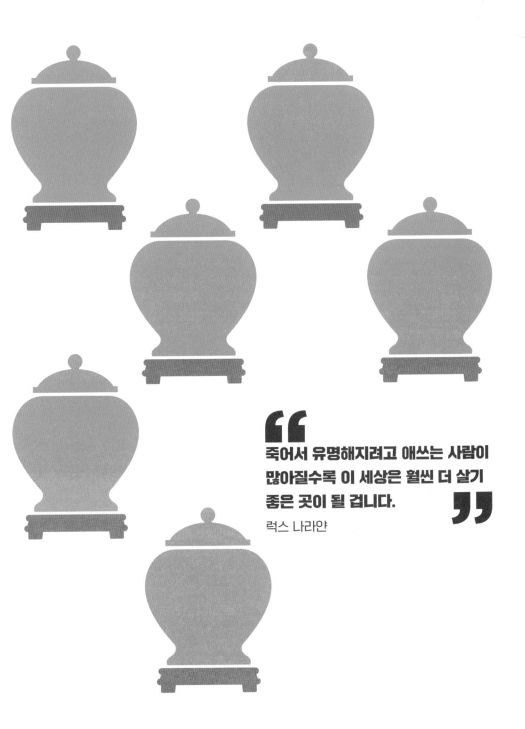

죽어서 유명해지려고 애쓰는 사람이 많아질수록 이 세상은 훨씬 더 살기 좋은 곳이 될 겁니다.

럭스 나라얀

바텐더에게 물어보라

때로는 비전문가가 획기적인 돌파구를 찾는 데
가장 큰 도움을 줄 수 있다.

어떤 문제를 새로운 관점으로 보는 데 가장 효과적인 한 가지 방법은 전혀 관계가 없는 사람에게 의견을 구하는 것이다. 에릭 베리지(Eric Berridge)라는 기업가는 "기술에 인문학이 필요한 이유"(Why Tech Needs the Humanities)라는 강연에서 아주 멋진 사례를 언급한다.

베리지는 200명 정도 근무하는 소프트웨어 업체에 일했는데, 그 회사는 의뢰인을 만족시키지 못했다는 이유로 파산 직전까지 내몰렸다. 베리지가 일하던 팀은 속상한 마음에 술집으로 향했다.

"우리는 제프라는 바텐더 친구와 이런저런 이야기를 나누었어요. 제프는 어디에서나 볼 수 있는 평범한 바텐더였죠. 그는 우리를 위로하며 기분을 좋게 만들어주려고 애썼어요. 우리가 힘들어하는 점에도 공감했죠. 그러고는 이런 말도 했습니다. '다들 엄살이 심하시네. 너무 걱정하지 마요.' 그러고 나서 그가 한 말에 우리는 모두 멍해졌습니다. '나를 거기 보내주면 어때요? 내가 가서 좀 알아볼게요.'"

물론 제프는 프로그래머가 아니었다. 사실 그는 대학에서 철학을 전공하다가 자퇴한 학생이었다. 하지만 손해를 볼 점이 없었기에 베리지의 팀은 제프의 제안을 받아들였다. 그 결과는 매우 놀라웠다.

"우리 팀은 프로그래밍 스킬에만 집착하고 있었는데, 제프는 이걸 완전히 무장 해제시켰습니다. 대화의 흐름을 다 바꿔놓았죠. 우리가 만드는 대상도 달라져야 했습니다. 이제 우리는 무엇을 왜 만들지

논하기 시작했죠. 그리고 의뢰인의 요구 조건에 깊이 귀를 기울이게 되었습니다."

해결해야 할 문제가 생기면, 그 분야에 전혀 경험이 없거나 전문가가 아닌 사람에게 물어보라. 어쩌면 당신이 그토록 찾던 정답을 얻을지 모른다.

🔍 TED 강연 들어보기

에릭 베리지:
'기술에 인문학이 필요한 이유'
2017년

지오바니 코라짜(Giovanni Corazza):
'창의적 사고─틀에 박힌
사고에서 벗어나 새로운
아이디어를 얻는 방법'
2014년

새로운 단어를 만들자

상상 속의 사전에 새로운 단어를 추가하면
상상력이 흘러나올 것이다.

말은 창의적인 아이디어를 전달하는 데
꼭 필요한 도구이다. 하지만 말로 표현할
수 없는 감정, 느낌, 현상이 여전히 많다.
그래서 존 코에닉(John Koenig)은 새로운 단어를 만드
는 것을 좋아한다.

『애매한 슬픔의 사전(The Dictionary of Obscure Sor-
rows)』의 저자인 코에닉은 감정을 표현하는 언어가
부족하다는 점에 주목하여 이를 채워 넣는 데 관심이
많다. 그는 이렇게 말한다. "사람이 저지르는 온갖 사
소한 실수나 유별한 점에 대해 느끼는 바가 있지만
이를 표현할 말이 없어서 정작 대화 소재로 삼지 못
하는 경우가 있습니다." 그는 자신이 만든 두 가지 단
어를 소개한다. "예를 들어 쥬스카(jouska)는 머릿속
에서 강박적으로 펼쳐지는 가상의 대화를 가리킵니
다. 그리고 질스메츠(zielschmerz)는 자신이 원하는 것
을 손에 넣을 때 느끼는 두려움을 뜻합니다."

> **손을 뻗어서 이 세상을 둘러싸고 있는
> 벽을 직접 만져볼 수 있고, 심지어
> 벽을 관통해서 팔을 내밀 수도
> 있습니다. 자신에게 이 세상을 바꿀
> 힘이 있다는 것을 깨닫게 됩니다.**
> 존 코에닉

코에닉은 사람들에게 새로운 단어를 만들어 보
라고 권하면서, 그렇게 하면 힘이 솟을 거라고 말한
다. 일단 새로운 단어를 만들어 보면 "이 세상은 나보
다 똑똑하지 않은 사람들이 만든 것을…… 깨닫게 됩
니다. 그러면 손을 뻗어서 이 세상을 둘러싸고 있는
벽을 직접 만져볼 수 있고, 심지어 벽을 관통해서 팔
을 내밀 수도 있습니다. 자신에게 이 세상을 바꿀 힘
이 있다는 것을 깨닫게 됩니다."

우리도 한번 단어를 만들어 보면 어떨까? 어떤
대상이나 감정을 표현하기에 적당한 단어가 없는 경
우를 찾아보고 직접 단어를 만들어 보라. 그 단어를
실제 대화에 사용해 보고 다른 사람들이 그 단어를
따라 사용하는지 관찰하면 정말 즐거울 것이다.

🔍 **TED 강연 들어보기**

존 코에닉:
'모호한 감정을 표현하는
멋진 단어를 새로 만들어라'
2016년

에린 맥킨(Erin McKean):
'주저하지 말고 당장 단어를
새로 만들어 보세요'
2014년

맞지 않는 도구를 사용하라

맞지 않는 도구로 일을 해낼 방법을 찾다 보면
창의성을 더 발휘하게 된다.

서투른 일꾼이 연장을 탓한다는 속담이
있다. 하지만 이를 살짝 비틀어 보면 맞지
않는 도구를 사용하는 것이 사실은 장점
이 될 수도 있다.

팀 하포드는 '좌절감이 들 때 더 창의적으로 생
각하고 행동할 수 있다'라는 제목의 강연에서 약간의
실수나 문제는 오히려 놀라운 결과로 이어질 수 있다
고 설명한다. 그는 1975년 쾰른 오페라하우스(Co-
logne Opera)에서 열린 미국의 재즈 피아니스트 키스
자렛(Keith Jarrett)의 연주회를 대표적인 사례로 언급
했다. 사실 연주회장에서 엉뚱한 피아노를 준비하는
바람에 연주회는 무산될 뻔했다.

하포드는 "준비된 피아노는 펠트가 거의 닳아 없
어진 상태라서 높은 음역대의 소리가 크지 않고 매우
거칠었습니다."라고 설명했다. "검은색 건반은 뻑뻑

했고 흰 건반은 조율이 되지 않아서 음이 맞지 않았
어요. 페달도 작동하지 않았습니다. 무엇보다도 피아
노의 크기가 너무 작았습니다."

안타깝게도 연주회 주최자는 정해진 시간 내에
대체할 만한 피아노를 마련하지 못했다. 자렛은 처음
에는 연주를 안 하겠다고 했으나 주최자에 대한 연민
때문에 마음을 고쳐먹었다. 그러고 나서 전혀 예상치
못한 결과를 얻었다.

하포드는 이렇게 묘사했다. "얼마 지나지 않아서
마법 같은 일이 벌어지고 있다는 것이 분명해졌습니
다. 자렛은 높은 음역대를 피하면서 연주했습니다.
피아노의 중간 부분에 집중하면서 차분하고 편안한
분위기를 만들어 냈지요. 그런데 피아노 소리가 너무
작아서 연주자는 낮은 음역대에 우렁차고 반복적인
소리를 만들어 넣어야 했어요. 그는 뒷줄에 있는 관

> **얼마 지나지 않아서 마법 같은 일이 벌어지고 있다는 것이 분명해졌습니다.**

팀 하포드

객도 충분히 들을 수 있게 해주려고 벌떡 일어서서 몸을 비틀며 건반을 강하게 두드렸습니다."

한마디로 '연주가 불가능해 보이는' 피아노를 사용해서 사람들에게 큰 감동과 흥분을 주는 연주를 해낸 것이다. "쾰른 오페라하우스에서 열린 콘서트 녹음은 역사상 가장 많이 팔린 피아노 앨범이자 재즈 앨범입니다."라고 하포드는 설명한다.

당신도 때때로 '맞지 않는' 도구를 사용할 때 얼마나 멋진 결과가 나올 것인지 궁금할 것이다!

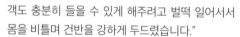

🔍 TED 강연 들어보기

팀 하포드:
'좌절감이 들 때 더 창의적으로 생각하고 행동할 수 있다'
2015년

나비 라주(Navi Radjou):
'극한의 어려움에 직면할 때 창의적으로 문제를 해결하려면'
2014년

규범에서 벗어나라

전혀 새로운 방식으로 일을 처리하면 관점이
완전히 달라질 수 있다.

이전 사례에서 재즈음악가인 키스 자렛은 자신과 맞지 않는 피아노로 연주하느라 애를 먹었다. 하지만 피아노가 아예 없었다면 어떻게 되었을까? 자넷 에힐만(Janet Echelman)이라는 미국 예술가는 실제로 그런 일을 겪었는데, 그녀의 작품이 분실되고 말았다. 이때 에힐만이 어떻게 대처했는지 살펴보면 우리 모두가 새로운 영감을 얻게 된다.

그녀는 인도에서 열릴 전시회를 준비하던 중이었다. 작품을 배송하고 마하발리푸림으로 가서 기다렸지만, 작품이 오지 않았다. 결국 그녀는 임시방편을 생각해 냈다. 에힐만은 그때를 회상하면서 이렇게 설명한다. "그곳은 어촌 마을이었는데 조각품으로 유명했어요. 하지만 큰 작품을 만드는 것은 너무 무겁고 비용도 많이 들었죠. 해변으로 산책을 가보니 어부들이 낚시 그물을 둘둘 말아서 놔둔 것이 모래사장 위에 큰 언덕처럼 보였어요. 매일 보던 모습이지만 그날은 좀 다른 느낌이 들었어요. 새로운 조각 방법을 찾았다고 생각했어요. 무거운 고체로 된 재료를 사용하지 않고도 부피감이 큰 형태를 만들 수 있겠다는 생각이 들었어요."

에힐만은 어부들의 손을 빌려서 작업을 시작했다. 그들이 사용하는 낚시망으로 자화상이라는 첫 번째 프로젝트를 시작한 것이다. "낚시망을 기둥 위에 올려놓고 사진을 찍었어요. 부들부들한 윗면이 바람

의 움직임에 계속 새로운 모양으로 움직였죠. 그 모습이 매우 인상적이었어요."

에힐만은 그 후로도 계속 공예 전통을 연구하면서 세계 곳곳의 장인에게 도움을 얻어 작품 활동을 하고 있다. 그때의 경험 덕분에 그녀의 작품 세계는 완전히 새로운 방향으로 나아갔으며 세계적인 명성을 얻었다. 이를 통해 배울 점이 있다. 창의적인 사람은 딱 한 가지에만 능숙한 것이 아니다. 그들은 역경이 닥쳐도 실험정신을 발휘하고 임시변통을 생각해 내기에 역경을 흥미롭고 새로운 기회로 바꾸어 놓는다.

🔍 TED 강연 들어보기

자넷 에힐만:
'상상력을 진지하게
받아들이는 일'
2011년

데이비드 슈나이더(David Schneider):
'관점을 바꾸면
모든 것이 달라진다'
2017년

그날은 좀 다른 느낌이 들었어요.
새로운 조각 방법을 찾았다고
생각했어요.

자넷 에힐만

일상생활에서 아름다움을 발견하라

우리 주변 어디에서나 영감을 얻을 수 있다.
그것은 우리가 찾으려고 노력하느냐에 달려 있다.

창의성에 불을 붙일 영감을 얻어야 할 때, 어떤 사람은 미술관에 가서 역사상 가장 위대한 화가들의 작품을 보거나 공연장에서 세계적으로 유명한 작곡가의 음악을 듣는다. 하지만 그렇게 특별한 노력을 기울여야만 아름다움을 발견하는 것은 아니다. 아름다움은 우리 주변에 가까이 있기에 일상생활에서 접하는 장소나 상황에서 얼마든지 찾아낼 수 있다.

'일상적인 소리의 예기치 못한 아름다움'이라는 강연에서 메클릿 하데로(Meklit Hadero)는 새들이 지저귀는 소리, 인간 언어의 음색, 심장 박동 소리 등 주변 소리가 작곡가에게 영감을 줄 수 있다고 설명한다.

하데로는 에티오피아 말에서 Indey라는 단어를 가장 좋아하는데, 이는 '아니야' 또는 '어떻게 그럴 수 있어?'라는 뜻이다. "이 단어에는 어조와 멜로디가 있어요."라고 그녀는 말한다. "말하는 사람의 입을 보면 이 단어를 말하려는 것을 단박에 알 수 있어요."

Indey를 발음하려면 입술이 살짝 눌렸다가 다시 앞으로 나온다. lickih nehu를 발음할 때와 비슷한데, 이 표현은 '맞아'라는 뜻이다. "나는 이런 표현의 구절과 멜로디를 가져와서 짧은 음악을 작곡할 때 사용했습니다. 베이스라인을 사용하는 것을 좋아하는 편이라서 둘 다 베이스라인에 활용했어요." 시각적 미디어에도 이 방법을 그대로 사용할 수 있다. 미학적 영감은 자연이나 인공물 등 우리 주변에 널리 포진하고 있다. 어떻게 그러한 영감을 찾아내고 수용하면 좋을지 요령만 배우면 된다.

간단히 말해서 어느 곳에 가더라도 항상 눈과 귀를 열어두길 바란다. 어떤 분야에서 창의성을 발휘해야 하느냐는 중요하지 않다. 우리는 일상생활 곳곳에서 영감을 얻을 수 있다.

🔍 TED 강연 들어보기

메클릿 하데로:
'일상적인 소리의 예기치 못한
아름다움'
2015년

줄리안 트레저(Julian Treasure):
'소리가 우리에게
영향을 주는 네 가지 방식'
2009년

다른 문화에서
교훈을 얻어라

사람들이 사물을 보는 관점에는 약간의 차이가 있지만,
그 차이가 바로 엄청난 영향력을 발휘한다.

창의성이란 종종 세상을 색다른 방식으로 보는 것과 관련이 있다. 따라서 다른 나라 및 문화권의 사람들이 이 세상을 어떻게 인지하는지 알아보면 도움이 된다. 이것이 바로 '이상한가 아니면 그냥 다른 것인가?'라는 데릭 시버스(Derek Sivers) 강연의 핵심 주제이다. 그는 사람들이 항상 우리와 같은 방식으로 사물을 보는 것은 아니라고 말한다.

예를 들어, 일본의 주소는 거리에 이름을 붙이지 않으므로 거리명이 아니라 블록의 숫자를 사용하지만(미국에서는 블록에 숫자를 아예 매기지 않는다). 서부 아프리카의 음악가는 박자를 셀 때 하나, 둘, 셋, 넷이 아니라 둘, 셋, 넷, 하나라고 말한다. 그리고 중국에서는 의사의 역할이 사람들의 건강을 유지하는 것이므로, 아플 때가 아니라 건강할 때 의사에게 돈을 내야 한다.

시버스는 이렇게 말한다. "종종 세상 반대편으로 가보면 우리에게 있는지도 몰랐던 것의 소중함을 깨닫게 됩니다. 하지만 반드시 해외여행을 가야 하는 것은 아닙니다. 국내에서도 여러 지역을 다녀보면 다양한 관점을 가진 사람들을 만날 수 있습니다. 멀리 가지 않고 바로 옆 동네를 둘러봐도 알 수 있습니다. 종교나 직업, 취미에 대한 사람들의 생각은 모두 다릅니다."

이렇게 사소하지만 중요한 차이를 알아보기 위해 눈과 귀를 활짝 열어두면 된다. 그러면 자기 생각에 몰두하지 않고 더 넓은 관점을 갖게 될 것이다.

🔍 **TED 강연 들어보기**

데릭 시버스:
'이상한가 아니면
그냥 다른 것인가?'
2009년

줄리앙 S. 부르렐(Julien S. Bourrelle):
'새로운 문화를 배우자'
2017년

'아하'라고 외치는 순간을 찾으려면

멋진 아이디어가 자연스럽게
떠오를 수 있는 환경을 조성하라.

누구나 멋진 아이디어가 떠올라서 '아하'라고 외칠 순간을 간절히 바란다. 하지만 그런 순간이 우리에게 찾아오게 만들 방법은 없을까?

블루맨그룹(Blue Man Group)이라는 행위예술집단의 공동창립자인 매트 골드만(Matt Goldman)은 '아하! 라고 외치는 순간을 위해'라는 제목의 강연에서 이렇게 질문한다. "'아하' 하고 외치는 돌파구 같은 순간은 무작위로 가끔 발생하는 것처럼 느껴지는데, 내가 의도한 대로 또는 더 자주 발생하게 만들 수 없을까요?" 그는 반복하면 그것이 가능하다고 말한다. 어떤 아이디어를 계속 고민하면서 조금씩 개선하라는 것이다.

그는 블루맨그룹이 소비-폐기물 순환을 재미있고 놀라운 방식으로 보여주기 위해 노력하는 중이라고 말한다. 사실 이 과정은 하룻밤 사이에 개발한 것이 아니라 여러 달에 걸쳐 수많은 실패를 거친 결과이다. "그리고 한 가지 분명히 말씀드릴 수 있는 것은 오트밀, 젤로, 밀로 만든 크림, 각, 푸딩, 점토, 타피오카, 실리 퍼티, 토마토 페이스트는 의상 아래 감겨 있는 튜브를 통해 미끄러져 나오지 않는다는 것이죠. 그 말은 가슴에 있는 구멍을 통해서 청중에게 흩뿌린다는 뜻입니다. 지금 당장 뿌리지는 않을 테니 걱정 마세요." 수많은 실험 끝에 마침내 그들도 '아하!'라고 외치는 순간을 경험했다. 그는 이렇게 힘주어 말한다. "강제로 공기가 공급되는 튜브를 통과할 때도 바나나가 모양을 그대로 유지하면서 동시에 우리가 원하는 대로 드라마틱하게 스며 나오는 효과를 낼 수 있다는 것을 과연 누가 알았겠습니까?"

여기서 어떤 점을 배울 수 있는가? 엄청난 아이디어가 어느 날 갑자기 떠오르기만을 기다려서는 안 된다. '아하!'라고 말하며 무릎을 탁 치는 순간은 갑작스러운 영감이 아니라 꾸준한 반복을 통해서만 얻을 수 있다.

Q TED 강연 들어보기

매트 골드먼:
'아하! 라고 외치는
순간을 위해'
2017년

게리 클라인(Gary Klein):
'생각이 번쩍 드는 순간'
2015년

> **"**
> '아하'하고 외치는 돌파구 같은
> 순간은 무작위로 가끔 발생하는
> 것처럼 느껴지는데, 내가 의도한
> 대로 또는 더 자주 발생하게
> 만들 수 없을까요? **"**
>
> 매트 골드먼

당신의 예술을 보여줄 새로운 방법을 찾아라

갤러리 밖으로 나오면 새로운
관점으로 볼 수 있다.

> **"**
> **누구나 작품을 만들고 전시할 수 있었어요. 예술 설치품은**
> **300여 개였고 셀 수 없이 많은 예술적 움직임이**
> **마른 호수에 등장했죠"**
>
> 노라 앳킨슨(NORA ATKINSON)

박물관에 가면 새로운 것에 호기심이 생기거나 원래 알던 것에 대한 관심이 더 커지는 것이 자연스럽게 생각되지만 현실에서는 그렇지 않을 때도 있다. 노라 앳킨슨은 '버닝맨에서 예술이 꽃피우는 이유'라는 강연에서 "그게 아니라면 현시대 예술의 목적은 무엇인가?"라는 질문을 던진다.

네바다에 있는 블랙록 사막에서 열린 축제는 "뉴욕이나 런던, 홍콩 미술관에서 가장 멀리 벗어날 수 있는 곳이다. 하지만 바로 이곳에서 예술이 꽃을 피우고 있습니다."라고 그녀는 말한다.

이유가 무엇일까? 우선 경비원이 없었다. "누구나 작품을 만들고 전시할 수 있었어요. 예술 설치품은 300여 개였고 셀 수 없이 많은 예술적 움직임이 마른 호수에 등장했죠. 돈을 받고 팔린 작품은 하나도 없었어요. 1주일이 지나고 보니, 작품을 태우지 않는 한, 담당 예술가가 카트를 다시 가져와서 일일이 날라야 했죠. 사랑이 없으면 절대 해낼 수 없는 엄청난 노동이었어요."

사막도 색다른 느낌을 주는 데 한몫했다. 앳킨슨은 이렇게 덧붙인다. "전시에 성공하려면 작품을 옮겨도 무방할 정도로 단단해야 해요. 바람이나 날씨, 참가자들의 관심 등에도 끄떡없어야 하죠. 낮이든 밤이든 관심을 끌 수 있어야 하고, 해석이 없어도 충분히 즐길 수 있어야 합니다."

"이곳에서 기념비적인 작품이나 친근한 작품을

만나면 초현실적인 느낌이 듭니다. 크기가 달라지면 눈을 속이는 효과가 있죠. 예술가의 작업실에서는 거대해 보였던 것도 이곳에 전시하면 눈길을 사로잡지 못할 수 있습니다. 하지만 이곳은 공간적 제한이 없어서 예술가들은 자신의 역량이 허락하는 한계 내에서 매우 큰 꿈을 꿀 수 있습니다. 어떤 작품은 우아함으로 보는 이를 압도할 겁니다. 또 다른 작품은 당신이 이곳을 찾아오게 했다는 그 사실만으로도 아주 놀랍습니다."

자, 여기에서 어떤 점을 배울 수 있는가? 독창적인 예술 작품을 만들고 싶다면, 독특한 전시 장소를 찾아보길 바란다. 전시할 장소에 맞게 창작 과정을 진행하면 정말 멋진 작품이 나올지 모른다.

🔍 TED 강연 들어보기

노라 앳킨슨:
'버닝맨에서 예술이 꽃피우는 이유'
2018년

와누리 카히우(Wanuri Kahiu):
'재미있고 강렬하고 환상적인 아프리카의 예술'
2017년

악기를 배워라

악기를 연주하는 과정은 창의력을 높여준다.

다들 악기를 배워보고 싶은 마음은 있어도 실천에 옮기지 못했을 것이다. 하지만 악기를 배우려는 강한 동기를 주는 사실이 있다. 그것은 바로 악기를 연주하면 전반적인 창의성이 높아진다는 점이다.

이론적인 말이 아니라 과학적으로 입증된 사실이다. 교육 전문가 아니타 콜린스(Anita Collins)는 '악기 연주가 두뇌에 긍정적인 영향을 준다'라는 강연에서 그 점을 설명했다. 신경과학자들이 기능적 자기공명영상(fMRI) 및 양전자 단층촬영(positron emission to-mography, 이하 PET) 스캐너를 통해 인간의 두뇌를 관찰한 후에 다음과 같은 결론을 내렸다.

"음악을 연주하려면 감정적인 내용이나 메시지도 이해하고 표현해야 하죠. 음악가는 계획, 전략 수립, 세부점을 파고드는 것처럼 상호연결된 작업을 남들보다 잘 해내는 편입니다. 그리고 인지적 측면과 감성적 측면을 동시에 분석하는 작업에도 능숙합니다."

악기를 배우면 기억력을 높이는 데에도 도움이 된다. 무엇보다도 중요한 점으로, 스포츠나 그림을 그리는 것과 같은 다른 활동을 하는 사람들의 두뇌를 분석했을 때는 이런 결과가 나오지 않았다. 즉, 악기를 연주하면 두뇌에 창의력을 높이는 특별한 경로가 생긴다고 말할 수 있다.

왜 그럴까? 콜린스는 계속 이렇게 설명한다. "아직 연구 초반 단계이지만, 신경과학자들은 매우 긍정적인 기대를 품고 있습니다. 악기를 연주하면 두뇌의 모든 영역이 한꺼번에 활성화됩니다. 특히 시각적, 청각적 영역과 운동 피질 영역이 활성화됩니다."

창의성의 관점에서 두뇌를 제대로 운동시키고 싶다면, 기타, 바이올린, 플루트와 같은 악기를 집어 들고 당장 연주를 시작하라.

🔍 TED 강연 들어보기

아니타 콜린스:
'악기 연주가 두뇌에
긍정적인 영향을 준다'
2014년

제프 하오(Jeff Hao):
'10분 안에 피아노 치는 법을
배우려면'
2016년

자기 뿌리를 찾아가라

자신이 살던 동네나 이웃에서 창의성이
발현될 계기를 찾을 수 있다.

"자기가 아는 것에 대해 글을 쓰라."는 말이 있다. 하지만 가끔 그런 소재에 대한 영감이 메마를 때가 있다. 스팅(Sting)도 그런 경험이 있었다. '내가 노래를 다시 쓰게 된 방법'이라는 그의 강연을 들어보자.

"어느 날 곡이 써지지 않았어요. 작가는 흔히 글길이 막힐 때가 있죠. 이전에도 그런 적이 있었지만 이번에는 아주 길었어요. 며칠이 지나고 몇 주가 지나고 몇 달이 금방 지나갔죠. 결국 몇 년이 흘렀지만 아무리 애를 써도 소용이 없었죠."

스팅은 그 상황을 어떤 방법으로 빠져 나왔을까? 그는 '자기가 아는 것'이 반드시 자신에 관한 사실이라고 단정할 필요가 없음을 깨달았다. 그는 '자아를 살짝 벗어나서' 자신의 근간을 찾아갔으며, 어릴 때 함께 자란 사람들에게서 영감을 얻고자 했다.

결코 쉬운 과정은 아니었다. 그동안 한 가지 아이러니를 깨달았다. "어떤 환경을 빠져나오려고 무진장 애를 썼죠. 내 손으로 직접 버리고 빠져나온 환경이 있었는데, 결국 내가 그곳으로 다시 돌아가야 한다는 결론이 나왔어요. 그곳으로 돌아가야 작품을 위한 영감을 얻을 수 있으니까요." 쉽지 않았지만 마음을 잘 가다듬고 이 과정을 거쳤더니 '예전처럼 순조롭게 작곡이 되기 시작'했다.

스팅처럼 창의적인 일을 하는 많은 사람이 어린 시절을 보낸 동네나 함께 자란 사람들의 곁으로 되돌아간다. 그렇게 행동하는 데에는 필연적인 이유가 있다. 독자도 나중에 창의적인 영감이 떠오르지 않아서 힘든 순간이 오면, 어린 시절로 되돌아가야 할지 생각해 보라. 유산을 활용하는 방법을 더 알고 싶다면 164쪽을 읽어 보길 바란다.

🔍 TED 강연 들어보기

스팅:
'내가 노래를 다시 쓰게 된 방법'
2014년

리치 베네치아(Rich Venezia):
'뿌리를 찾아서 공감을 키우는 방법'
2017년

자신의 한계를 뛰어넘어라

파산을 각오하고 자유롭게 실험하라.

많은 예술가는 종종 실험을 시도한다. 하지만 실험을 핑계로 자신을 강하게 밀어붙이거나 실험의 마지막 가능성까지 시도하지 않는가?

시각 예술가인 알렉사 미드(Alexa Meade)는 '당신의 몸은 나에게 캔버스입니다'라는 강연에서 주류를 벗어나 흥미진진하고 독창적인 접근법을 개발하는 것이 가능하다고 알려준다. 그녀는 사람이나 사물을 그리는 데 만족하는 것이 아니라, 캔버스를 치우고 사물에 직접 물감을 칠한다. "누군가의 초상화를 그려야 한다면, 나는 그 사람으로 캔버스 삼아서 그림을 그립니다. 말 그대로 사람 위에 직접 물감을 칠하는 거죠. 그 사람의 귓속에 물감이 가득하겠죠. 귀를 그리려면 귀 바로 위에 물감을 칠해야 하니까요."

그녀의 작품을 보면, 사람, 가구, 음식은 물론이고 그야말로 모든 것이 물감으로 칠해져 있다. "이런 방식으로 작품을 그리면 3차원 대상을 2차원처럼 보이게 만들 수 있어요. 어느 각도에서 사진을 찍어도 2차원으로 보입니다." 물론 미드는 수많은 시행착오를 거쳐야 했다. 하지만 시행착오를 겪는 과정도 재미있었고, 무한한 창의적 가능성을 향해 열린 마음을 갖게 되었다.

미드는 이렇게 결론을 내린다. "친숙한 것에서 새로운 것을 찾아낼 수 있습니다. 이미 밝혀진 것에 국한하지 않고 더 많은 것을 보려는 의지만 있으면 됩니다. 표면으로 드러나지 않은 것, 그림자에 가려진 것을 찾아보세요. 그러면 눈에 보이는 것이 전부가 아님을 깨달을 겁니다."

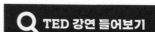

알렉사 미드:
'당신의 몸은 나에게 캔버스입니다'
2013년

※성인인증 필요

파월 놀버트(Pawel Nolbert):
'실험을 통한 진화'
2016년

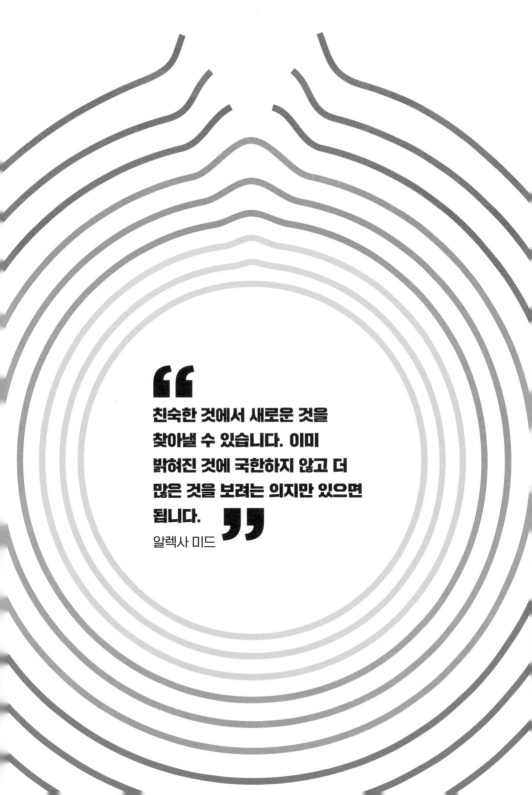

"
친숙한 것에서 새로운 것을
찾아낼 수 있습니다. 이미
밝혀진 것에 국한하지 않고 더
많은 것을 보려는 의지만 있으면
됩니다. **"**

알렉사 미드

비판하지 말고 패러디를 사용하라

장의성과 관련된 답답함을 토로하고 싶다면
놀리는 것도 한 가지 좋은 방법이다.

예술계에는 앤디 워홀에서 뱅크시까지 패러디의 역사가 깊다. 하지만 패러디가 성공하려면 기본적인 의미가 있어야 한다. 화가이자 큐레이터로 활동하는 시어 헴브리(Shea Hembrey)는 '내가 100명의 예술가가 된 비결'이라는 강연에서 좋은 사례를 보여준다.

헴브리는 유럽에서 여러 달 머물면서 유명한 주요 국제미술 전시회를 둘러보았다. 하지만 그의 마음에는 아쉬움이 있었다. "더 많은 대중의 관심을 끌 수 있는 작품을 더 많이 보고 싶었습니다. 또 하나 바라는 점은 좀 더 수준 높은 장인정신과 수준 높은 기술적 표현이었습니다."

그는 기사나 소셜 미디어 게시물에 답답한 마음을 털어놓을 수도 있었다. 하지만 그렇게 해서는 아무런 변화가 없을 것 같았다. 그래서 야심에 찬 패러디를 준비했다. 무려 2년이라는 시간을 들여서 국제미술전시회를 준비했는데, 예술가 100명의 작품에서 주요 특징을 모방했다고 설명했다. 하지만 사실 100명의 예술가는 헴브리가 만들어 낸 가상의 인물이었으며 전시회에 출품된 작품은 모두 그의 작품이었다.

상당히 과감하고 창의적인 전략이었다. 예상할 수 있듯이, 그는 각국 언론의 지대한 관심을 끌었다. 앞으로 어떤 대상을 비판하고 싶은 마음이 생기거든 패러디를 시도해 보라. 그러면 부정적인 것을 긍정적이고 건설적으로 표현할 수 있다.

🔍 TED 강연 들어보기

시어 헴브리:
'내가 100명의 예술가가 된 비결'
2010년

에이림한 셈플(Eireamhan Semple):
'풍자의 힘'
2015년

창의력을 발휘하여 훌륭한 아이디어를 만들어 내라

새로운 아이디어를 내고 싶지만, 아무것도 생각나지 않으면 어떻게 할까? 3장에서는 창의적이며 판도를 바꿀 만한 개념을 생각해 내는 여러 가지 방법을 살펴볼 것이다.

단어 게임을 하라

간단한 단어 게임으로 잠재의식의
봉인을 해제할 수 있다.

> **더 많은 아이디어를 낼수록
> 그중에서 좋은 아이디어를 찾아낼
> 가능성도 커집니다.**
> 다카하시 신페이

아이디어는 그냥 생기는 것이 아니다. 장난감 디자이너 다카하시 신페이(Shimpei Takahashi)는 '이 단어 게임을 하면 창의적인 아이디어가 샘솟는다'라는 강연에서 한 가지 해결책을 소개한다. 이 게임은 사과, 코끼리, 트럼펫 같은 단어를 주면, 그 단어의 마지막 글자로 끝말잇기를 하는 것이다. 강연자의 모국어인 일본어로 게임을 하면 '네코(고양이)', '코라(콜라)', '라이브', '브랏슈(브러시)' 같이 이어진다.

그런데 여기에 반전이 있다. 이 게임을 하는 동안 또 다른 관점으로 단어를 생각해야 한다. "이 단어를 연결해서 원하는 것을 완성하거나 아이디어를 구성해야 합니다. 예를 들어 저는 장난감을 생각하고 싶을 때, 장난감 고양이는 실제로 뭐가 될 수 있을지 생각해 봅니다. 아주 높은 곳에서 공중제비를 돌아서 착지하는 고양이는 어떨까? 콜라를 가득 채운 장난감은 어떨까? 콜라를 물총처럼 쏘아서 상대방이 흠뻑 젖게 만드는 장난감 총은 어떨까?"

핵심은 이런 생각이 우스꽝스러운 아이디어라는 사실이다. 이렇게 재미있게 특이한 연결을 이어가는 것이 목표이다. 다카하시는 "계속 아이디어가 자유롭게 흘러나오게 하세요. 더 많은 아이디어를 낼수록 그중에서 좋은 아이디어를 찾아낼 가능성도 커집니다."라고 강조한다.

"칫솔을 예로 들어 볼까요? 칫솔로 장난감을 만들 수 있나요? 칫솔과 기타를 함께 놓고 생각해 보세요. 양치하면서 가지고 놀 수 있는 장난감이 생길 겁니다. 양치를 싫어하던 아이에게 그 장난감을 주면 앞으로 양치를 잘할지 모르죠."

🔍 TED 강연 들어보기

다카하시 신페이:
'이 단어 게임을 하면 창의적인 아이디어가 샘솟는다'
2013년

아지트 나라야난(Ajit Narayanan):
'모든 언어로 소통할 수 있는 단어 게임'
2015년

머릿속의 스누즈 버튼을
내다 버려라

창의적인 아이디어를 개발하려면 타고난 과묵함이나
조심하는 태도를 과감히 버려야 한다.

우리는 모두 창의적인 아이디어를 새로 만들어 낼 좋은 방법을 찾고 있다. 작가이자 라이프코치, TV 호스트, CNN 방송진행자인 멜 로빈스(Mel Robbins)는 '자신을 속이지 않는 법'이라는 강연에서 생각보다 해결책은 아주 쉬운 것 같다고 언급한다. "여러분의 문제는 아이디어가 아니에요. 아이디어가 있어도 실천하지 않는 게 문제죠. 아이디어를 다 죽이고 있잖아요."

로빈스는 누구나 알아볼 수 있는 그림을 그린다. "온종일 당신의 머릿속에는 인생이나 이 세상, 감정까지도 바꿀 수 있는 아이디어가 있습니다."

"하지만 그런 아이디어로 뭘 하고 있죠? 아무것도 안 하잖아요." 멜 로빈스는 '내면의 (알람 울릴 때 나중에 다시 울리게 미루는) 스누즈 버튼'이 문제의 핵심이라고 말한다. "여러분에게는 놀라운 아이디어가 계속 샘솟듯이 생겨납니다. 탁구공처럼 통통 튀어 오르죠. 하지만 그런 아이디어가 생각날 때마다 어떻게 하죠? 스누즈 버튼을 눌러버립니다."

> **여러분의 문제는 아이디어가 아니에요.
> 아이디어가 있어도 실천하지 않는 게 문제죠.**
> 멜 로빈스

아이디어를 당장 행동으로 옮겨 본격적으로 키워보는 것은 어떨까? 가장 좋은 시기라는 확신을 얻을 때까지 기다리기만 할 것인가? 하지만 그런 순간이 올 거라는 생각은 환상일 뿐이라고 그녀는 말한다. "한 가지 알아야 할 점이 있어요. 그런 느낌이 드는 순간은 절대 오지 않을 겁니다. 절대로 안 와요. 특별한 사람이 찾아오는 일도 없고 그런 식으로 동기부여가 되지도 않아요. 기대해선 안 됩니다." 간단히 말해서 변화를 도모하려면 나이키의 광고문구처럼 '그냥 해' 봐야 한다. 아무도 당신을 위해 대신 행동해주지 않는다. 그러니 본인이 직접 행동해야 한다.

🔍 **TED 강연 들어보기**

멜 로빈스:
'자신을 속이지 않는 법'
2011년

마나브 수보드(Manav Subodh):
'아이디어를 활성화하는 방법'
2013년

지루함을 느껴보라

휴대전화를 끄면 메말랐던 창의성이
밀물처럼 쏟아질 것이다.

인생을 살다 보면 누구나 한 번쯤 경험하는 순간이 있다. 운전하거나 빨래를 개는 등, 허드렛일을 하던 중에 갑자기 정말 멋진 아이디어가 떠오르는 것 말이다. 팟캐스터 마누쉬 조모로디(Manoush Zomorodi)가 '지루함에서 가장 뛰어난 아이디어가 나올 수 있다'라는 제목의 강연에서 설명한 것처럼, 신체가 자동 조종 모드에 따라 움직일 때 두뇌는 새로 신경을 연결하기 시작한다.

안타깝게도 디지털 기술이 끊임없이 방해 요소를 만들기 때문에 '자동 조종 영역'에서 보내는 시간이 계속 줄어들고, 그 결과 새로운 아이디어를 생각해 내기도 어려워진다. 조모로디는 "이 악순환을 끊으면 어떻게 될까?"라고 생각하여 팟캐스트 청취자들에게 휴대전화 사용 시간을 과감하게 줄여 보고 그 결과를 알려달라고 요청했다. 그녀는 "곧바로 창의성이 발휘되는 것을 볼 수 있었어요."라고 말한다.

뉴욕에 사는 리사 알퍼트(Lisa Alpe)도 실험에 참가한 청취자였다. "지루한 느낌이 들었어요. 그래서 갑자기 계단을 쳐다봤습니다. 방금 저 계단으로 내려오긴 했지만 계단으로 가서 오르내리면 열량을 어느 정도 소모할 수 있겠다는 생각이 들었어요. 10번 정도 계단을 오르내렸어요. 심장을 강화하는 효과가 있었어요. 조금 지친 몸으로 뉴욕 지하철 R선을 탔어요. '우와, 예전에는 이렇게 운동할 생각을 전혀 못 했는데, 어떻게 된 일이지?'라고 생각했죠."

그녀의 경험은 아주 단순하지만 확실한 증거이다. 휴대전화를 잠시 치워두면 우리의 두뇌는 새로운 아이디어를 많이 만들어 낸다. 조모로디는 창의력을 발휘하고 싶다면 "잠깐 휴식을 취하고, 창밖을 바라보세요. 아무것도 하지 않을 때 가장 생산적이고 창의적인 사람이 될 수 있습니다."라고 말한다.

🔍 TED 강연 들어보기

마누쉬 조모로디:
'지루함에서 가장 뛰어난
아이디어가 나올 수 있다'
2017년

신디 폴리(Cindy Foley):
'지루함이 주는 유익'
2016년

"
아무것도 하지 않을 때 가장
생산적이고 창의적인 사람이
될 수 있습니다. "

마누쉬 조모로디

회의 중에 낙서하기

낙서는 시간 낭비가 아니라 놀라운 도구이다.

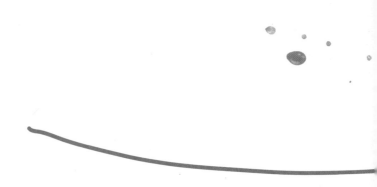

회의가 너무 지루해서 머릿속이 멍해진다. 그러다가 갑자기 노트에 낙서를 시작한다. '내가 왜 이러지?'라며 당혹스러워 할 것인가? 그렇게 생각하지 않아도 된다.

사실 낙서는 시간 낭비가 아니다. 낙서는 창의적인 방식으로 정보를 처리하는 방법이라는 점이 시행착오를 통해 충분히 입증되었다. 유명한 디자인 결과물은 대부분 낙서에서 시작한다. 건축가 프랭크 게리(Frank Gehry)의 건축물이나 펜타그램 디자인사 대표인 폴라 셰어(Paula Scher)가 디자인한 시티뱅크의 로고가 대표적인 사례에 속한다. 이들의 낙서가 놀라운 결과물로 완성된 것은 결코 우연이 아니었다.

작가이자 컨설턴트 기업 창립자인 수니 브라운(Sunni Brown)은 '낙서하는 사람들은 모두 모여라'라는 강연에서 의사소통에 필요한 정보를 수용하는 네 가지 방법, 즉 읽고 쓰기, 시각적 요소, 청각적 요소 및 촉각적 요소를 언급했다. 그러고 나서 낙서의 놀라운 점은 "네 가지 학습 방식을 동시에 다 사용하며, 감정적 경험의 가능성도 있습니다. 이런 점을 생각해 보면 낙서가 아무 의미 없는 행동이라고 할 수 없어요."라고 설명했다.

물론 브라운도 많은 사람이 자신의 주장에 공감하지 않는다는 것을 알고 있다. "우리 문화는 언어 정보에 크게 집중하기 때문에 낙서의 가치를 거의 깨닫지 못해요. [하지만] 알고 보면 낙서는 매우 놀라운 도구입니다. 이 방법을 사용하면 더 높은 수준의 시각적 정보를 입력하거나 표현하게 할 수 있습니다. 여러분, 낙서는 결코 지적인 사고의 방해꾼이 아닙니

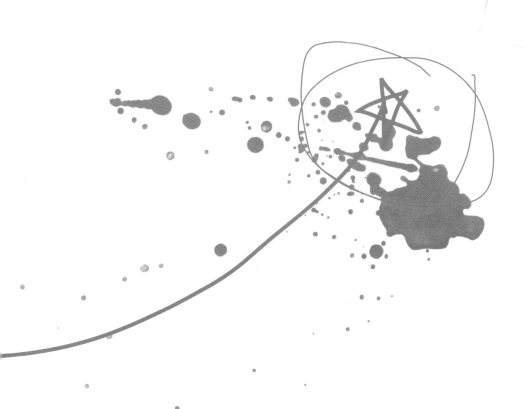

다. 오히려 가장 훌륭한 도우미라고 할 수 있습니다."
쉽게 말해서, 마음껏 낙서하라. 그 낙서가 창의적인
혁신의 비결이 될지 모른다.

> **낙서는 네 가지 학습 방법을
> 모두 사용하며 감정적 경험의
> 가능성도 있다.**
>
> 수니 브라운

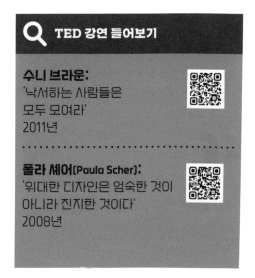

🔍 **TED 강연 들어보기**

수니 브라운:
'낙서하는 사람들은
모두 모여라'
2011년

폴라 셰어(Paula Scher):
'위대한 디자인은 엄숙한 것이
아니라 진지한 것이다'
2008년

아이에게 물어보라

어린아이들의 입에서…….

누구나 개인적으로 아이들을 관찰하다가 그들의 상상력은 무한하다고 생각한 적이 있을 것이다. 그렇다면 이 점을 잘 활용하면 좋지 않을까? 아이들에게 창의적인 일을 도와달라고 부탁해 보자는 뜻이다. 단편소설 작가이자 블로거인 아도라 스비타크(Adora Svitak)는 '어른이 아이에서 배울 수 있는 것'이라는 강연에서 한 가지 사례를 언급한다.

"워싱턴 타코마에 유리 박물관(Museum of Glass)이 있는데, 여기에는 키즈디자인글래스(Kids Design Glass)라는 프로그램이 있어요. 아이들이 유리 공예에 관한 자신만의 아이디어로 그림을 그리게 해주는 것이죠. 예술가들은 이 프로그램에서 가장 좋은 아이디어를 얻었다고 말합니다. 아이들은 입김으로 유리를 특정 모양으로 만드는 게 얼마나 어려운가라는 한계에 대해 생각하지 않아요. 그래서 멋진 아이디어를 내는 데 집중할 수 있어요. 유리라는 말을 들으면 여러분은 다채로운 색상의 치훌리(Chihuly) 디자인이나 이탈리아 꽃병을 생각할지 모릅니다. 하지만 아이들은 유리 공예가들이 그보다 더 넓게 생각하도록 만듭니다. 이를테면 상심한 뱀이나 베이컨으로 만든 남자아이들의 영역으로 들어가 보는 것이죠."

그런데 이런 식의 아이디어 교환은 왜 자주 일어나지 않을까? 그건 아마도 어른이 아이들의 능력을 과소평가하기 때문일 것이다. "우리는 도전을 좋아하지만, 기대치가 낮을 때에는 도전 과제에 발목이 잡히거나 압도됩니다."라고 스비타크는 말한다. 같은 함정에 빠지지 말고, 아이들의 아이디어에서 뭔가 찾아내길 바란다. 그러면 어른과 아이가 서로에게서 배우게 될 것이다.

> **예술가들은 이 프로그램에서 가장 좋은 아이디어를 얻는다. 아이들은 한계에 관해 생각하지 않기 때문이다.**
> 아도라 스비타크

Q TED 강연 들어보기

아도라 스비타크:
'어른이 아이에게서 배울 수 있는 것'
2010년

토마스 수아레즈(Thomas Suarez):
'12살짜리 앱 개발자'
2011년

색다른 방식으로 생각하고 싶다면 전등 스위치가 있는 곳으로 가라. 고고학자 홀리 모예스(Holley Moyes)는 '어둠이 상상력에 미치는 영향'이라는 강연에서 인간은 항상 평범함을 초월하기 위해 어둠을 추구했다고 지적한다.

역사를 돌이켜보면 종교적인 의식에서 동굴이 중요한 역할을 했다. 모예스는 그런 의식에서 어둠이 심리적으로 어떤 영향을 주는지 알아보려고 실험을 준비했다. 그는 학생들에게 여러 가지 불가능해 보이는 시나리오를 보여주고 적절한 설명을 생각해 보라고 했다.

실험에 참가한 학생 절반은 조명이 밝고 전망창이 있는 방에 있었고, 나머지 절반은 아주 조그만 조명이 있는 어두운 방에 배정되었다. 모예스는 "조명이 밝은 방에 있는 학생들은 합리적이고 과학적인 설명을 내놓았으나, 어두운 방에 있는 학생들은 상상력을 많이 사용하는 경향이 나타났다."라고 말한다.

이 실험은 20년간 칼라하리 부시맨과의 대화를 기록한 폴리 위스너(Polly Wiessner)라는 인류학자의 연구를 반영한 것이다. "낮에는 사람들이 어디에 갈지, 무엇을 하거나 먹을지와 같이 일상적인 주제에 관해 대화를 나눕니다. 하지만 밤이 되면 상황은 완전히 달라집니다. 모닥불을 둘러싸고 앉아서 노래를 부르거나 춤을 추고, 그 시간의 80퍼센트 이상을 스

**어두운 방에 있는 학생들은
상상력을 많이 사용하는 경향이
나타났습니다.**

홀리 모예스

상하여 지어낸 이야기를 늘어놓는 데 사용합니다."
　모예스는 이렇게 결론을 내린다. "고고학 기록에
서 알 수 있듯이, 환경은 우리가 생각하고 느끼는 방
식에도 중요한 역할을 하지만 우리가 이 세상을 해석
하는 데에도 큰 영향을 줍니다." 이제부터 상상력을
동원할 일이 생기면 조명을 어둡게 하거나 아예 꺼버
리고 생각해 보길 바란다.

🔍 **TED 강연 들어보기**

홀리 모예스:
'어둠이 상상력에
미치는 영향'
2016년

· ·

다이앤 너슨(Diane Knutson):
'우리에게 어둠이 필요한 이유'
2016년

가장자리에서 창의적인 새로운 아이디어를 발견하라

주변시(peripheral vision)를 사용하는 요령을 배워라.

훌륭한 디자인은 훌륭한 제스처와 연관될 때가 있으나 항상 그런 것은 아니다. 영국 출신의 브랜딩 및 디자인 전문가인 폴 베넷(Paul Bennett)은 '디자인에서는 디테일이 중요하다'라는 강연에서 별것 아니라서 간과되기 쉬운 보편적인 문제를 해결하는 것이 중요할 때가 있다고 말한다.

베넷은 다음과 같은 불교의 가르침을 인용한다. "변두리에서 자신을 찾고, 사물의 가장자리를 보는 것이 때로는 흥미로운 출발점이 된다." 그는 또한 실제로 디자인 작업과 관련하여 이 말이 어떻게 적용되는지 구체적인 사례를 소개한다.

영국의 발명가 퍼시 쇼(Percy Shaw)는 어느 날 밤에 집에 가려고 운전하던 중에 길가에 앉아 있던 고양이의 눈에 자동차 헤드라이트가 비친 것을 보고 영감을 받아서 고양이 눈 모양의 로드스터드(road stud)를 만들게 되었다. 미국의 TV 프로듀서인 조안 간츠 쿠니(Joan Ganz Cooney)도 토요일 아침에 딸아이가 쇼가 시작하기를 기다리면서 테스트 카드를 지켜보는 모습에서 아이디어를 얻어 세서미스트리트를 제작했다. 스위스의 전기 기술자인 게오르그 드 메스트랄(George de Mestral)은 개를 산책시키러 들판에 나갔다가 온몸에 도꼬마리가 들러붙고 말았지만, 여기에서 아이디어를 얻어 벨크로를 발명했다.

이런 사례에는 이 세상을 전혀 다른 새로운 방식으로 바라본 사람들이 등장한다. 베넷의 말을 빌리자면 "눈을 사용해야 한다. 사물을 처음으로 보고, 새롭게 보고, 이를 새로운 가능성을 만들 기회로 삼아야 한다."

비유적인 눈가리개를 벗어 던지고 이 세상을 새로운 시각으로 보라. 그러면 새로운 아이디어가 떠오를 것이다.

Q TED 강연 들어보기

폴 베넷:
'디자인에서는 디테일이 중요하다'
2005년

뤼크 드 브라방데르(Luc de Brabandere):
'창의적 사고의 재발명'
2015년

> **사물의 가장자리를 보는 것이 때로는 흥미로운 출발점이 된다.**
>
> 폴 베넷

즉흥적인 시도를 통해 아이디어를 발굴하라

시작이 어려운가? 일단 첫 문장을 쓰고 그다음은 즉흥적으로 지어내면 된다.

창의적인 아이디어가 늘 완벽한 모습을 갖춘 상태로 머릿속에 떠오르는 것은 아니다. 어떨 때는 작은 조각에서 시작하여 어떻게 완성되는지 시간을 두고 지켜봐야 한다.

김영하는 '예술가가 되자, 지금 당장!'이라는 제목의 강연을 했다. 그는 20세기를 대표하는 소설가 프란츠 카프카(Franz Kafka)의 『변신(The Metamorphosis)』이라는 작품을 보면 첫 줄에 이런 말이 나온다고 알려준다. "어느 날 아침 그레고르 잠자가 불안한 꿈에서 깨어났을 때 그는 침대 속에서 한 마리의 흉측한 갑충으로 변해 있는 자신의 모습을 발견했다."

카프카는 이렇게 감당할 수 없는 문장을 하나 써 놓은 다음에 이를 감당하기 위해 글을 계속 쓰다 보니 현대 문학의 걸작을 쓰게 된 것이다. 김영하는 이런 방식이 어떤 종류의 창의성이든 다 적용할 수 있다고 말한다. "예술은 어느 정도 미치는 거예요. 그리고 다음 문장을 감당하는 거죠. 이것은 아이가 하는 행동과 크게 다르지 않아요. 거짓말을 시작한 아이는 스토리텔러로서 첫발을 내딛는 겁니다." 스토리텔링은 소설가의 전유물이 아니다. 화가도 스토리텔링을 해야 한다.

김영하는 두 가지 사례를 소개한다. 파블로 피카소는 자전거 안장에 핸들을 붙여 놓고 황소 머리라고 했으며, 마르셀 뒤샹(Marcel Duchamp)은 변기를 가져

다 놓고 물이 나오는 샘이라고 했다. "설명과 이상한 행동의 간극을 메우는 것이 바로 현대 미술이 해온 업적"이라는 것이다.

김영하는 훈련받지 않아도 누구나 예술가가 될 수 있다고 강조한다. 우리 내면의 아이를 다시 깨워서 스토리텔링을 시작해야 한다. 이상하면 이상할수록 더 좋은 결과가 나올 수 있다. 그렇게 하면 흥미진진하고 참신한 작품을 만들게 될 것이다.

Q TED 강연 들어보기

김영하:
'예술가가 되자, 지금 당장!'
2010년

미하이 칙센트미하이(Mihaly Csikszentmihalyi):
'몰입의 즐거움'
2004년

자신의 잠재의식에서
새로운 아이디어를 찾아라

머리를 쥐어짜지 말고 본능에 맡겨라.

참신한 아이디어를 생각해 내려면 때로는 지나치게 머리를 쥐어짜려고 하지 말아야 한다. 인텔 연구소에 근무하는 제이 실버(Jay Silver)라는 연구원의 말을 빌리자면, 때로는 아예 생각하지 않는 것이 가장 좋은 방법이다.

'바나나를 해킹하고 키보드를 만들어 보세요!'라는 강연에서 실버는 청소년 시절에 캠프에 참가했던 경험을 소개했다. 개울 근처에 숲으로 가서 "여기서 재료를 찾아서 뭔가 만들어 보세요."라는 지시를 받았다. 얼마 지나지 않아서 학생들은 아주 복잡하고 흥미로운 예술 작품을 만들어 냈다.

어떤 학생에게 어떻게 나무에 막대기를 고정했는지 물어보았다. 그 학생은 "나도 몰라요. 하지만 직접 보여드릴게요."라고 대답했다. 바로 그 순간 실버는 큰 깨달음을 얻었다. "그 학생의 손은 알고 있었죠. 그 아이의 직관은 알고 있었어요."라고 실버는 설명한다. 그때부터 실버도 정상적인 내면의 한계를 벗어나서 새로운 것을 만들려고 시도했다. "때로는 우리가 아는 것이 새로운 가능성을 방해합니다."

나중에 실버는 자기 아들에게 비슷한 방법을 시도해 보았다. 아들에게 선인장을 만드는 블록을 주었는데, 블록은 모두 직선 모양이 아니었다. 그는 아들에게 사용법을 보여주지 않았다. "아이는 '좋아. 내 마음대로 해 볼 거야'라는 표정이었죠. 시간이 얼마 지나지 않았는데 아이는 모든 물체를 발사할 수 있는 메커니즘을 완성하더군요."

여기서 어떤 점을 배우게 되는가? 자기가 하는 일에 대해 지나치게 계획을 세우지 않고 너무 깊이 이해하려고 애쓰지 않을 때 오히려 멋진 결과물을 만들 수도 있다는 점이다.

🔍 TED 강연 들어보기

제이 실버:
'바나나를 해킹하고 키보드를
만들어 보세요!'
2013년

팀 하포드:
'좌절감이 들 때 더 창의적으로
생각하고 행동할 수 있다'
2015년

비용이 저렴한 아이디어가 오히려 가장 효과적인 이유

비용이 많이 드는 방법에 돈을 낭비하지 마라.

심각한 문제는 거창한 해결책이 필요한 것처럼 보일 수 있다. 그러나 광고 디렉터인 로리 서덜랜드(Rory Sutherland)는 때로는 화려하고 돈이 많이 드는 해결책이 집중에 방해가 된다고 여긴다. 간단한 방법으로도 큰 효과를 낼 수 있다는 것이다.

'사소한 것에 목숨을 걸어라'라는 제목의 강연에서 서덜랜드는 버진 애틀랜틱 항공사의 상위 클래스에서 가져온 흥미로운 사례를 소개한다. 항공사가 승객에게 제공하는 소금통과 후추통의 디자인이 훔쳐가고 싶을 정도로 예쁘게 되어 있다. 하지만 통을 뒤집어서 바닥을 보면 '버진 애틀랜틱에서 훔쳐 온 것'이라는 글자가 새겨져 있다. 서덜랜드는 사람들이 그 순간을 결코 잊지 못할 것이라고 주장한다. "자신이 777기를 타고 있는지 에어버스를 타고 있는지 질문을 받고 나면 몇 년이 지난 후에도 그 질문과 당시 경험을 기억하게 됩니다."

그는 스톡홀름에 있는 리드마 호텔의 엘리베이터도 소개한다. 거기에서는 엘리베이터에 흘러나오는 음악을 직접 선택할 수 있다. "아마 이걸 설치하는 데 600달러에서 최대 1,200달러 정도 들었을 겁니다."라고 그는 덧붙인다. "지금까지 수많은 호텔에 가보았지만 내가 묵게 될 객실이 최근에 50만 달러를 들여서 개조했다는 말이 더 강렬하게 와닿습니다."

그는 돈이 많이 드는 프로젝트에 관심이 가는 것은 자연스러운 심리라고 말한다. "하지만 행동경제학이 계속 보여주는 것은, 실제로 우리의 행동을 바꾸거나 사물에 대한 우리의 태도를 바꾸는 요소가 반드시 비용과 비례하지 않는다는 점이죠."

그러므로 돈이 많이 드는 아이디어를 접어두고 저렴하면서도 획기적인 아이디어에 집중해야 한다. 아마 후자의 아이디어가 훨씬 더 효과적일 것이다.

Q TED 강연 들어보기

로리 서덜랜드:
'사소한 것에 목숨을 걸어라'
2010년

호세 미구엘 소코로프(Jose Miguel Sokoloff):
'크리스마스 조명이 어떻게 게릴라들이 총을 내려놓게 만들었을까?'
2014년

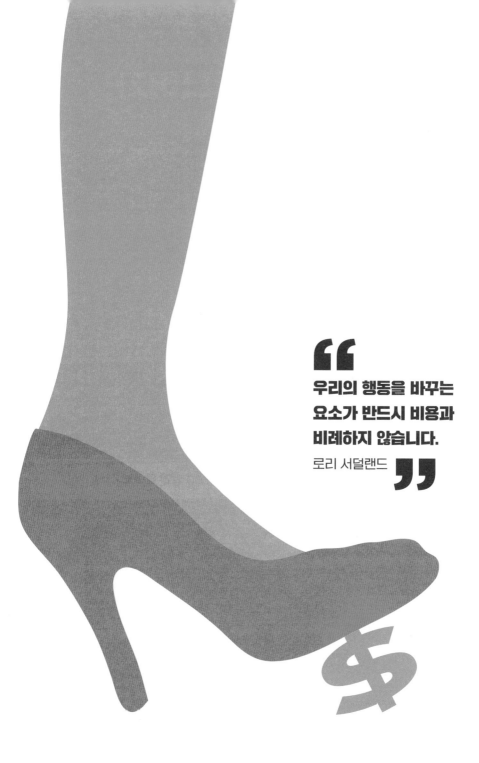

> **"**
> **우리의 행동을 바꾸는
> 요소가 반드시 비용과
> 비례하지 않습니다.**
> 로리 서덜랜드 **"**

아이디어를
개선하는 데
집중하라

새로운 아이디어를 제시하는 것과 이를 실전에 활용하여
사람들이 좋아할 만한 것을 만드는 것은 전혀 별개의
문제이다. 4장에서는 훌륭한 아이디어가 결실을 보도록
연결하는 방법을 살펴보기로 하자.

고객이 정말 원하는 것을 파악하라

'욕구라는 경로를 열어주면' 정확한 해결책이 나온다.

> **욕구 경로도 예전보다 훨씬 빠른 속도로 나타날 겁니다. 우리가 할 일은 그중에서 적절한 것을 선택하여 포장길로 가꾸는 것입니다.**

톰 헐미(Tom Hulme)

욕구 경로(desire path)는 정원이나 공원과 같은 공간에서 설계자가 계획하지 않았지만, 그곳을 지나다니는 사람들의 발자국이 쌓이고 쌓여서 만들어진 길을 가리킨다. 욕구 경로가 존재한다는 것은 불편한 진실을 가리킨다. 그것은 바로 우리가 만드는 것을 항상 대중이 원하는 것은 아니라는 점이다.

영국 출신의 디자이너 톰 헐미는 '지름길에서 무엇을 배울 수 있는가?'라는 강연에서 히스로공항 면세구역을 의무적으로 통과해야 한다는 점을 언급했다. "왼쪽은 길고 구불구불한 길이 있죠. 이쪽으로 가지 않고 오른쪽으로 그냥 가로질러지나가 버리는 사람이 얼마나 많은지 보고 깜짝 놀랐습니다."라고 그는 말한다.

하지만 창작 활동을 하는 사람이라고 해서 욕구

경로 때문에 좌절할 필요는 없다. 그 경로를 유리하게 사용하면 된다. 헐미는 캘리포니아대학교 버클리의 사례를 언급하는데, 건축가들이 건물을 짓고 나서 욕구 경로가 자연스럽게 생길 때까지 몇 달을 기다린 후에 생겨난 경로를 포장길로 만들었다.

또 다른 사례로서 보스턴에 사는 에어 뮤어(Ayr Muir)라는 기업가는 식당을 개업하고 싶었지만 어디가 좋을지 알 수 없었다. "[그래서] 그는 일단 푸드트럭 사업을 시작해서 매일 새로운 장소를 찾아다녔습니다. 그는 화이트보드 마커로 다른 메뉴를 적었는데, 손님들이 주로 뭘 찾는지 파악하려고 그렇게 했습니다. 현재 그는 여러 개의 식당을 운영하고 있습니다."

웹사이트나 앱 디자인에서도 욕구 경로에 관한 은유적인 해석을 찾아볼 수 있다. 이 분야에서는 사

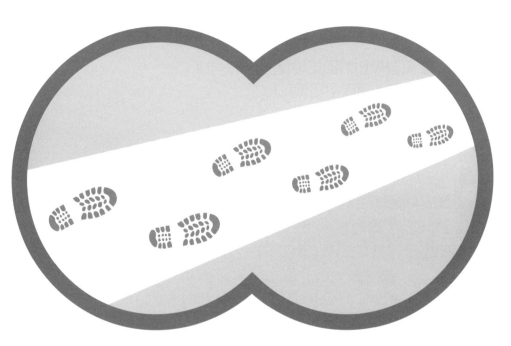

용자들의 행동 패턴에 대한 자료가 산더미처럼 많으므로 이를 잘 활용하면 서비스를 개선할 수 있다.

헐미는 모든 분야에서 욕구 경로가 창의성의 미래에서 중요한 역할을 할 것이라고 생각한다. "이 세상은 매우 유동적입니다. 끊임없이 변화가 일어납니다. 욕구 경로도 예전보다 훨씬 빠른 속도로 나타날 겁니다. 우리가 할 일은 그중에서 적절한 것을 선택하여 포장길로 가꾸는 것입니다."

Q TED 강연 들어보기

톰 헐미:
'지름길에서 무엇을
배울 수 있는가?'
2016년

조셉 파인(Joseph Pine):
'소비자가 원하는 것'
2004년

영감을 얻는 것과 베끼는 행동 사이의 경계를 따라가 보라

100퍼센트 독창적인 아이디어는 없다.
균형을 잘 맞추는 것이 관건이다.

예술가는 항상 다른 사람에게서 영감을 얻는다. 섹스 피스톨즈(The Sex Pistols)는 '프리티 베이컨트(Pretty Vacant)'라는 노래에 아바의 노래에서 따온 반복 악절을 사용했고, 셰익스피어는 '로메우스와 줄리엣의 비극적 이야기(The Tragicall Historye of Romeus and Juliet)'라는 아서 브룩(Arthur Brooke)의 시를 기반으로 매우 유명한 작품을 완성했다. 뱅크시의 초기 작품도 블렉 르 라(Blek Le Rat)가 스텐실로 낙서한 것에 큰 영향을 받았다. 이런 사례는 얼마든지 더 이야기할 수 있다.

하지만 '리믹스'와 '리사이클링'은 분명히 다르다. 리믹스는 예술가가 새로운 것을 소개하는 것이고 리사이클링은 뻔뻔하게 남의 작품을 베낀 것이다. 마크 론슨(Mark Ronson)이라는 프로듀서는 '샘플링이 어떻게 음악을 바꾸는가?'라는 강연에서는 이 둘 사이에 엄연한 경계가 있다고 알려준다.

팻보이 슬림(Fat Boy Slim)은 거의 알려지지 않은 녹음을 가져와서 더 큰 곡에 연결하는 작업을 한다. 이런 식으로 샘플링하면 매우 창의적인 결과가 나온다. "[그런데] 어느 날 갑자기 다들 보위의 '렛츠 댄스'처럼 긴 노래를 가져와서 그냥 랩으로 만들더군요."라며 론슨은 불만을 드러냈다.

"과거의 향수를 불러일으키는 작업은 도매상 거래처럼 되는 게 아닙니다. 그러면 듣는 사람이 메스꺼움을 느낄 수 있어요. 다른 작품에서 한두 요소만 가져와서 신선하고 참신한 것으로 만들어야 하죠." 한 가지 사례를 소개하자면 마일리 사이러스는 더그 E. 프레시와 슬릭 릭의 '라디다비'라는 곡을 샘플링하여 '위 캔트 스탑'이라는 곡에 사용했다.

음악에 활용할 수 있다면 다른 창의적인 분야에도 모두 사용할 수 있다. 다른 사람에게 영감을 얻는 것을 겁낼 필요는 없다. 그 대신 자신만의 독창적인 결과물을 만들고자 노력하길 바란다.

Q TED 강연 들어보기

마크 론슨:
'샘플링이 어떻게
음악을 바꾸는가?'
2014년

메클릿 하데로:
'일상적인 소리의 예기치
못한 아름다움'
2015년

예기치 않은 장소에서 영감을 얻어라

자기 직업이 아닌 곳에서도 영감을 얻을 수 있다.

↗ 다른 사람의 창의성에서 영감을 얻는 것은 바람직하다. 그런데 화가가 다른 화가에게 영감을 얻는 것처럼 반드시 직접적인 영향을 얻기를 바랄 필요는 없다. 오히려 미묘한 방식으로 영감을 얻을 때가 더 많다.

폴란드 출신의 디자이너 야섹 우트코(Jacek Utko)는 '디자인으로 신문을 구할 수 있을까?'라는 제목의 강연을 했다. 인터넷 시대가 되자 기존의 종이 신문 판매가 급감했다. 상당히 어려운 문제였지만 그는 전혀 생각지 못한 곳에서 해결의 실마리를 얻었다.

어느 날 저녁 런던에서 태양의 서커스(Cirque du Soleil)라는 유명한 서커스 공연을 보던 중에 불현듯 좋은 생각이 떠올랐다. "이 사람들은 한물간 엔터테인먼트를 이렇게 높은 수준의 공연으로 만들었구나. 어쩌면 나도 지루하기 짝이 없는 종이 신문에 이런 변화를 줄 수 있을 거야!"

우트코는 자기 아이디어를 실천에 옮겼다. "우리는 신문 디자인을 하나하나 바꾸었습니다. 첫 면이 우리의 시그니처가 되었죠. 독자들과 소통하는 개인적이고 친밀한 소통 수단으로 만들었습니다." 이렇게 새로운 디자인을 앞세워 변화를 시도하자 신문의 판매량 감소세가 멈추더니 다시 오름세로 돌아섰다.

이러한 변화를 가져온 것은 우트코가 경쟁업체나 다른 형태의 미디어를 연구한 것도 아니라, 전기톱과 화염방사기를 휘두르는 프랑스의 서커스단이었다. 이렇게 엉뚱한 곳에서 영감을 찾으려고 애쓰다 보면 판도를 바꿀만한 해결책을 찾게 되지 않을까?

🔍 **TED 강연 들어보기**

야섹 우트코:
'디자인으로 신문을
구할 수 있을까?'
2009년

나이프 알 무타와(Naif Al-Mutawa):
'이슬람에서 영감을 얻은
슈퍼 히어로'
2010년

감정을 사용해서 더 멋진 디자인을 만들라

자신에게 솔직한 것이 위대한 작품의 비결이다.

이 세상은 갈수록 디지털화되고 있으며, 그에 따라 크리에이터는 기술에 더욱 의존하게 된다. 하지만 그래픽 디자이너 데이비드 카슨(David Carson)은 '디자인과 발견'이라는 강연에서 기술은 여전히 도구에 불과하다고 힘주어 말한다. 진정한 가치가 있는 결과를 산출하려면 결국 자기 내면을 들여다 봐야 한다.

왜 그럴까? 메시지를 전달할 수 있는 디자인을 만들려면 논리적이고 알아볼 수 있는 형태만 강조해서는 안 되고, 보는 사람을 감정적으로 사로잡아야 하기 때문이다.

카슨은 여러 가지 사례를 소개하는데, 그중 하나는 9.11 테러 직후에 나인 인치 네일즈(Nine Inch Nails)라는 록밴드에게 해준 디자인이었다. 폭탄 대피소의 바닥에서 올려다본 모습이 가장 큰 특징이었다. 금연환경연합의 캠페인 포스터에서도 다음과 같이 신랄한 문구를 사용하여 강한 인상을 남겼다. "담배회사가 거짓말할 수 있다면, 우리도 할 수 있다."

카슨은 자신에게 정직해야만 일에 감정적인 무게를 둘 수 있다고 강조하면서 이렇게 말한다. "자신이 어떤 사람인지 활용하세요. 여러분의 배경, 부모, 성장 환경, 인생 경험을 활용할 수 있는 사람은 여러분 자신뿐입니다. 그걸 잘 해내면 자신만의 독특한 결과물을 만들 수 있고, 일 자체도 더 즐기게 될 겁니다."

TED 강연 들어보기

데이비드 카슨:
'디자인과 발견'
2003년

에릭 베리지(Eric Berridge):
'기술에 인문학이 필요한 이유'
2017년

자신이 어떤 사람인지 활용하세요. 여러분의 배경, 부모, 성장 환경, 인생 경험을 활용할 수 있는 사람은 여러분 자신뿐입니다.

데이비드 카슨

단순하게 바꾸면 결과가 더 좋아진다

주상화는 아주 쉽고 빠르게 창의적인 작품을 향상하는 방법이다.

엄청 창의적인 아이디어가 있는데, 이를 자기가 원하는 방식으로 실현하려고 애쓰는 중인가? 그렇게 할 수 있는 한 가지 검증된 방법은 바로 아이디어를 단순화하는 것이다. 일러스트레이터 크리스토퍼 니만(Christoph Niemann)은 '미처 깨닫지 못하겠지만 당신은 이 언어에 매우 능숙하다'라는 강연에서 자신은 '추상화' 과정을 통해 단순화한다고 설명한다.

그는 "하나의 요소만 더 삭제하면 전체 개념이 다 무너질 정도로 단순한 상태를 목표로 설정합니다."라고 말한다. 심지어 추상도 측정기(abstract-o-meter)라는 시스템도 직접 개발했다. "하트 모양이나 화살표와 같은 기호를 예로 들어 볼게요. 너무 현실적으로 접근하면 모든 사람이 거부감을 느끼죠. 그런데 너무 반대 방향으로 치우쳐서 지나치게 추상적으로 표현하면 그 작품을 아무도 이해하지 못할 겁니다. 그래서 이 측정기에서 가장 적정한 위치를 찾아내야 합니다. 이 경우에는 중간 어딘가가 적정한 위치일 겁니다."

어떤 이미지를 가장 단순한 형태로 만들고 나면 여러 가지 새로운 연결을 만들거나 새로운 가능성을 시도할 여지가 생긴다. 미술작품이 아닌 다른 매체에서도 이 방법을 그대로 사용할 수 있다. 자기가 쓴 소설이 너무 지루하고 늘어지는 기분이 드는가? 전체 내용의 사 분의 일을 줄여 보라. 여러 가지 악기를 사용하여 곡을 완성했는데 감흥이 별로 없는가? 그러면 어쿠스틱 기타만 연주할 때 어떤 분위기가 나는지 확인해 보라. 이처럼 창의적인 작품을 단순화할 때 오히려 더 잘되는 경우가 많이 있다.

Q TED 강연 들어보기

크리스토퍼 니만:
'미처 깨닫지 못하겠지만 당신은 이 언어에 매우 능숙하다'
2018년

존 마에다(John Maeda):
'단순함을 추구하는 디자인'
2007년

"
하나의 요소만 더 삭제하면 전체 개념이 다 무너질 정도로
단순한 상태를 목표로 설정합니다. **"**

크리스토퍼 니만

40/100
스마트 재료를 사용해서
창의력을 표현하라

죄신 기술을 사용하면 멋진 결과를 얻을 수 있다.

"
새로운 시각으로 문제를 분석해야
합니다. 그러면 새로운 대안을
발견하거나 예전에 한 번도
생각해 보지 못한 기발한 해결책을
찾게 될 겁니다.
카타리나 모타(CATARINA MOTA) **"**

이제는 스마트 재료의 세상에 마음을 활짝 열어야 한다. 카타리나 모타(Catarian Mota)는 '스마트 재료를 갖고 놀자'라는 강연에서 전류가 흐르는 페인트, 조명이 켜지는 천, 음악을 들려주는 젤리, 투명한 상태에서 불투명하게 바뀌는 유리와 같은 것이 우리 주변에 있다고 지적한다. 이러한 재료는 우리가 와서 놀아주기를 기다리고 있다.

그냥 재미를 느껴보라는 말이 아니라, 진정한 의미에서 뛰어난 결과물을 만들어 보라는 뜻이다. 예를 들어, 특정 온도가 되면 색이 변하는 열 변색 안료를 아기용 젖병에 사용하면 분유를 아기에게 먹여도 될 정도로 식었는지 쉽게 알아볼 수 있다.

사실 스마트 재료에 관심을 보이는 사람은 아주 많다. 모타는 커스티 보일(Kirsty Boyle)이라는 동료와 함께 오픈머티리얼즈(OpenMaterials)라는 프로젝트를 시작했다. openmaterials.org에 가면 해당 프로젝트를 둘러볼 수 있다. 그는 이렇게 설명한다. "웹사이트에 오면 누구나 참여할 수 있어요. 실험도 해 보고 정보를 고유하고 다른 사람에게도 손을 내밀 수 있죠. 여러 가지 정보나 자료도 모을 수 있습니다." 가장 중요한 점은, 전문가가 아니어도 된다는 것이다. 모타는 이렇게 설명한다. "늘 그랬듯이 혁신에 불을 붙이는 것은 땜질이나 하는 어설픈 사람들이었습니다. 전문가가 아니라 아마추어가 새로운 것을 발명하거나 개선했죠. 산악용 자전거, 반도체, 개인용 컴퓨터, 비

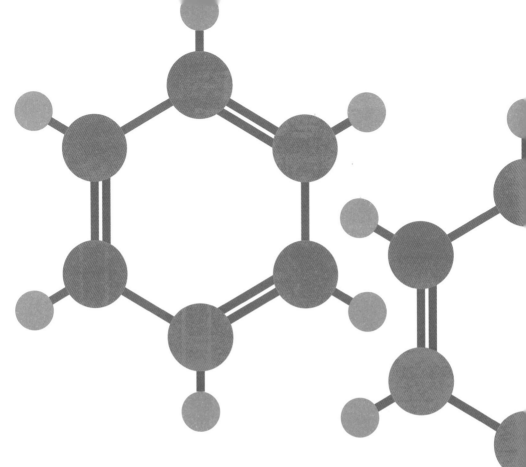

행기도 다 그렇게 만들어진 겁니다." 그러므로 고가의 장비가 꼭 필요한 것은 아니다. 굳은 결의만 있으면 충분하다.

"한 가지 흥미로운 점은, 열정과 호기심이 있으면 새로운 것을 만들 수 있다는 점이죠. 그리고 실패를 두려워하지 않아야 합니다."라고 모타는 강조한다. "새로운 시각으로 문제를 분석해야 합니다. 그러면 새로운 대안을 발견하거나 예전에 한 번도 생각해 보지 못한 기발한 해결책을 찾게 될 겁니다."

이것저것 재지 말고 그냥 과감하게 새로운 것을 만들어 보라. 새로운 기술을 사용해서 창의력을 높이는 방법을 자세히 알고 싶다면 이 책 122쪽을 읽어 보길 바란다.

🔍 **TED 강연 들어보기**

카타리나 모타:
'스마트 재료를 갖고 놀자'
2012년

도리스 킴 성(Doris Kim Sung):
'숨 쉬는 금속'
2012년

장애에서 창의적인 아이디어를 얻어내라

모든 사람이 접근할 수 있는 디자인을 만들면
모든 사람에게 유익을 얻는다.

어떤 것을 디자인할 때 윤리적으로 마땅히 장애가 있는 사람을 고려해야 한다. 하지만 여기에는 윤리적인 것 이상의 의미가 있다. 엘리스 로이(Elise Roy)의 강연 제목처럼 장애인을 위해 디자인할 때 모든 사람에게 유익이 된다.

예술가이자 디자이너인 로이는 자기가 청각 장애인이라서 세상을 독특한 방식으로 경험하고 재구성할 수 있다고 말한다. "관찰하는 능력이 매우 발달해서 다른 사람들이 절대 알아채지 못하는 것도 나는 알아볼 수 있는 정도가 되었습니다. 끊임없이 적응해야 하는 처지이다 보니 '아이디어'를 생각해 내고 문제를 해결하는 능력이 크게 발달했죠. 여러 가지 제약과 한계 속에서 그렇게 해내야 합니다. 디자이너들도 자주 나와 비슷한 상황에 부닥칠 겁니다."

본인이 장애인이든 아니든 간에, 장애인이 겪는

문제를 이해하기만 해도 매우 독창적이고 창의적인 아이디어에 불꽃을 당길 수 있다. OXO 감자 필러를 생각해 보자. 로이는 이렇게 설명한다. "원래는 관절염 환자를 위해 만들어진 거죠. 하지만 너무 편해서 모든 사람이 사용하고 있어요. 문자 메시지도 원래 청각 장애가 있는 사람을 위해 개발된 겁니다. 하지만 다들 아시다시피, 모든 사람이 문자 메시지를 즐겨 사용합니다."

로이는 이렇게 결론을 내렸다. "처음부터 장애인을 염두에 두고 디자인할 때, 정상적인 사람을 위해 디자인할 때보다 훨씬 더 나은 해결책을 우연히 발견한 것이죠. 사실 디자이너라면 누구나 바라는 결과가 아닐까요?"

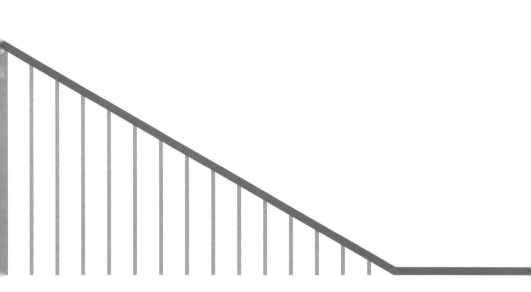

> **"**
> 처음부터 장애인을 염두에 두고
> 디자인할 때, 정상적인 사람을
> 위해 디자인할 때보다 훨씬 더
> 나은 해결책을 우연히 발견한
> 것이죠. 사실 디자이너라면
> 누구나 바라는 결과가 아닐까요?
>
> 엘리스 로이 **"**

Q TED 강연 들어보기

엘리스 로이:
'장애인을 위해 디자인할 때
모든 사람에게 유익이 된다'
2008년

에밀리 웨이트(Emilie Weight):
'지적장애가 있는 아들에게서
세 가지를 배우다'
2017년

음울한 감정을 잘 다스리면 창의력을 높일 수 있다

부정적인 경험은 최고의 작품을 만들도록
영감을 줄 수 있다.

74쪽에서 살펴본 것처럼, 감정을 사용하면 창의적인 작업에 큰 도움이 된다. 특히 음울한 감정이 매우 유용할 수 있다. 메리 셸리(Mary Shelley)는 유럽 전역에 흉년과 기아를 가져온 대규모 화산 폭발을 배경으로 『프랑켄슈타인』을 집필했다. 월트 디즈니는 법정 소송으로 파산 직전까지 간 상태에서 미키마우스를 탄생시켰다. 에릭 클랩튼(Eric Clapton)은 네 살배기 아들이 갑자기 죽은 후에 '티어스 인 헤븐(Tears in Heaven)'이라는 곡을 썼는데, 그의 작품 중에서 가장 아름다운 곡으로서 큰 사랑을 받았다.

창의적인 작업에서 힘들고 까다로운 감정을 사용하다 보면 그런 감정을 다루는 면에서 치료가 될 수 있고 이를 긍정적인 감정으로 전환할 수 있다. 이런 치료의 전문가가 아니어도 얼마든지 가능하다.

크리스티나 도미니크(Cristina Domenech)는 '영혼을 해방하는 시'라는 강연에서 자신이 아르헨티나 교도소에서 글쓰기 수업을 진행한 경험을 공개했다. 이 수업은 죄수들이 자신을 더 잘 이해하고 표현하도록 도와주고자 마련되었다.

도미니크는 이렇게 설명한다. "시인이 되려면 지옥에 다녀와야 한다는 말이 있습니다. 그들에게는 지옥이 아주 많아요. 정말입니다. 그래서 우리는 그 지옥을 이용하기 시작했어요. 우리는 곧장 끔찍한 지옥으로 뛰어들었죠. 그곳에서 벽이 사라지게 할 수 있고 창문이 괴성을 지르게 할 수도 있고 그림자에 몸을 숨길 수 있다는 것을 배웠죠."

이 죄수처럼 개인적인 악마 같은 것은 없겠지만, 사람은 누구나 음울한 감정과 불쾌한 기억이 있다. 깊이 파고들어서 이러한 감정을 잘 끌어내면 거기에서 획기적이고 놀라운 결과물을 얻을지 모른다.

Q TED 강연 들어보기

크리스티나 도미니크:
'영혼을 해방하는 시'
2014년

알리샤 몽스(Alyssa Monks):
'한 예술가가 슬픔을 겪었지만 불완전함에서 아름다움을 발견하다'
2015년

시인이 되려면 지옥에 다녀와야 한다는 말이 있습니다.

크리스티나 도미니크

단순하게 만들어서 이목을 끌어라

구성 요소를 제거하면 사람들의
관심을 자극할 수 있다.

사람들이 당신의 작품을 좀 더 심도 있게 감상하기를 원하는가? 그렇다면 사람들이 기대하는 요소를 감추어 보라. 의외로 문제가 쉽게 해결될지 모른다.

중국 출신의 예술가 류보린(Liu Bolin)은 카멜레온 같은 방법을 사용해서 자신과 다른 사람이 그가 만들어놓은 주변 환경 속으로 사라지게 만드는 기술이 있다. 그의 작품 안에서 류보린이나 다른 사람을 찾을 수는 있지만, 그렇게 하려면 그림을 정말 자세히 들여다 봐야 한다. '투명 인간'이라는 강연에 따르면, 단지 사람들을 재미있게 해주려는 것이 아니라 숨겨진 불공정에 사람들의 이목을 끌려는 목적이 있다고 한다. 그는 하강(下崗, 해고를 뜻하는 중국어 표현)이라는 자기 작품을 예시로 사용한다. 1998년부터 2000년 사이에 중국이 계획 경제에서 시장 경제로 전환하던 시기에 실직자가 된 2,130만 명을 표현한 것이다.

류보린은 "그림에 있는 여섯 사람은 실직한 노동자."라고 말한다. "그들이 평생 살면서 일해오던 가게가 있지만, 가게는 문을 닫고 말았죠. 나는 여섯 사람이 눈에 보이지 않게 만들었습니다. 이 그림에는 6명밖에 나오지 않지만 사실 여기 숨겨진 사람은 모두 해고된 것입니다. 그래서 눈에 보이지 않는 거죠." 그는 사람들이 직접 그림에 숨겨진 사람을 찾아보게 만드는 방식으로 이 문제가 더욱 가슴에 와닿게 했다. 자신의 관점에 대해 신중하고 명확하게 심사숙고하여 작품에 반영해야 한다는 것이 그의 지론이다. "새로운 작품을 구상할 때, 아이디어를 어떻게 표현하면 좋을지 고심합니다. 예를 들어 나를 보이지 않게 만들면 어떨지 생각해 봅니다. 그렇게 하면 그림을 보는 사람은 어떤 생각을 하게 될까요?"

그는 이렇게 말한다. "예술에서는 가장 중요한 요소가 바로 예술가의 태도라고 생각합니다. 예술 작

> **예술 작품이 누군가의 심금을 울리려면 기술만으로는 안 됩니다. 예술가의 생각과 인생에 대한 치열한 노력이 작품에 표현되어야 합니다.**
>
> 류보린

품이 누군가의 심금을 울리려면 기술만으로는 안 됩니다. 예술가의 생각과 인생에 대한 치열한 노력이 작품에 표현되어야 합니다."

🔍 TED 강연 들어보기

류보린:
'투명 인간'
2013년

· ·

김영하:
'예술가가 되자, 지금 당장!'
2010년

고요함을 잘 사용하면
창의성을 높일 수 있다

여행으로 정신세계를 넓힐 수 있지만,
아무 데도 가지 않는 것도 같은 효과가 있다.

창의력이라는 배터리를 충전하려면 휴가가 필요하다는 생각이 종종 들지 모른다. 하지만 휴가가 항상 정답은 아니다. 피코 아이어(Pico Iyer)라는 여행작가는 이렇게 말한다. "여행을 통해 가장 먼저 알게 되는 점은 마법을 경험할 수 있는 장소가 따로 있지 않다는 것이죠. 중요한 것은 사물을 보는 우리의 시간이니까요. 화를 잘 내는 사람을 히말라야산맥에 데려가 보세요. 그 사람은 먹을 것이 시원찮다며 계속 불평할 겁니다."

그는 '고요함의 기술'이라는 제목의 강연에서 한 가지 대안을 제시하는데, 바로 아무 데도 가지 말라는 것이다. 이상하게 들릴 수도 있지만, 그는 이 세상이 끊임없이 움직이며 주의를 빼앗는 요소들이 넘쳐나므로 한 자리에 가만히 있으면서 고요함을 실천하는 것이 여행을 떠나는 것보다 긴장을 푸는 데 훨씬 더 효과적이라고 알려준다.

여기서 말하는 '고요함'은 급진적이거나 엉뚱한 것이 아니다. 아이어는 이렇게 설명한다. "하루에 몇 분, 또는 계절마다 며칠만 투자하는 것이 가장 효과적입니다. 역사를 살펴보면 모든 전통 분야의 현자들이 바로 이 점을 강조했습니다. 2천 년 전에 활동한 스토아학파는 '우리의 삶에서 중요한 것은 경험 그 자체가 아니다. 우리가 그 경험을 바탕으로 무엇을 하는가가 더 중요하다'라고 알려줍니다."

그러니 한번 시도해 보면 어떨까? 아이어는 이렇게 설명한다. "가속화의 시대에 살고 있기에 속도를 낮추는 것만큼 신나는 일도 없을 것이다. 그리고 주의를 흩뜨리는 것이 넘쳐나는 세상이므로 주의를 집중하는 것만큼 사치스러운 것도 찾아보기 어렵다. 끊임없이 움직이는 시대에 가만히 앉아 있는 것만큼 긴급한 일도 없을 것이다."

Q **TED 강연 들어보기**

피코 아이어:
'고요함의 기술'
2014년

앤디 퍼디컴(Andy Puddicombe):
'마음 챙김 10분이면 된다'
2012년

글자 디자인을 사용하여
이야기를 업그레이드하라

글자의 모양과 스타일은 단어의 뜻보다
훨씬 더 많은 메시지를 전달한다.

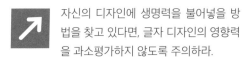 자신의 디자인에 생명력을 불어넣을 방법을 찾고 있다면, 글자 디자인의 영향력을 과소평가하지 않도록 주의하라.

아르헨티나 출신의 그래픽 디자이너 마르티나 플로르(Martina Flor)는 '글자 디자인의 비밀 언어'라는 강연에서 글자의 모양과 디자인이 어떻게 단어 자체의 의미를 초월하는 방식으로 보는 사람에게 시각적 메시지를 전달하는지 설명한다.

그는 이렇게 설명한다. "글자의 모양이나 디자인에 따라 전혀 다른 세기에 와 있는 느낌을 줄 수 있어요. 중요한 가치나 이야기도 전달할 수 있습니다. 어떤 글자는 현대적인 느낌을 주죠. 어떤 것은 1970년대를 연상하게 합니다. 그런가 하면 어떤 장소의 중요성이나 기념비적 의미를 확증해주기도 하죠. 장소의 내부 모습이 어떨지 상상하게 도와주는 글자도 있어요."

플로르는 『이상한 나라의 앨리스』라는 책 표지를 디자인할 때 글자 디자인을 어떻게 정했는지 이야기한다. "어떤 글자 모양을 써야 이상한 나라라는 이미지를 전달할 수 있을지 고심했습니다. '손글씨를 소용돌이 모양으로 최대한 화려하게 만들어 볼까? 아니면 정자체를 사용하여 이 책이 고전 작품이라는 점을 부각할까? 아니면 이 책에 횡설수설하는 대사가 많으니 딱딱해 보이는 글자체와 부드러운 글자체

를 섞어서 두 개의 우주가 하나로 합쳐진 모습을 묘사해 볼까?"

이런 질문에는 '정답'이 없다. 일을 처리하는 방식도 '정답'이 정해져 있지 않다. 그게 핵심이다. 우리가 마음을 열면 글자 디자인에는 그야말로 무한한 가능성이 있습니다. 플로르는 이렇게 강조한다. "메시지가 중요하다면 정성을 들여서 장인정신을 표현하세요. 독자가 중요하다면 예쁘고 환상적인 요소도 사용해야 합니다."

🔍 TED 강연 들어보기

마르티나 플로르:
'글자 디자인의 비밀 언어'
2016년

칩 키드(Chip Kidd):
'북 디자인은 그리 쉬운 게
아니야'
2012년

10분만 투자해서 새로운 관점으로 세상을 보라

몇 분만 마음 챙김을 하면 두뇌를
재부팅할 수 있다.

컴퓨터가 느려지다가 작동을 멈추면 어떻게 해야 할까? 전원을 껐다 켜면 된다. 그렇게 하면 십중팔구 컴퓨터가 아무 일이 없었다는 듯이 잘 작동한다. 마음 챙김 전문가인 앤디 퍼디컴(Andy Puddicombe)은 '마음 챙김 10분이면 된다'라는 제목의 강연에서 우리도 두뇌에 이와 비슷한 방법을 사용할 수 있다고 설명한다. 하루에 10분간 기분 전환을 하는 것인데 현재에 집중하면서 명상을 하면 된다.

많은 사람이 명상이란 머릿속을 완전히 비우고 감정을 없애는 것이라고 생각할지 모른다. 하지만 퍼디컴은 명상이 꼭 그런 것은 아니라고 말한다. "명상은 한 걸음 뒤로 물러서는 것입니다. 생각을 명확히 바라보고, 아이디어가 생기거나 사라지는 것을 직시하죠. 감정도 생겨나거나 사라지는데 그것에 대해 어떤 판단도 내리지 않아요. 긴장하지 않은 편안한 상태에서 집중하면 그렇게 할 수 있습니다."

이렇게 해 보면 골치 아픈 고민거리를 쉽게 털어낼 수 있다. "명상은 새로운 기회를 열어줍니다. 한 걸음 물러나서 다른 시각으로 생각하게 해주죠. 그러면 지금까지 생각한 모습과 다른 측면을 발견할지 몰라요."라고 퍼디컴은 말한다. "살면서 우리가 겪는 아

주 사소한 일을 일일이 바꿀 수는 없지만, 이를 경험하는 방식은 바꿀 수 있습니다. 그러면 훨씬 더 집중한 상태로 침착하고 명확하게 매 순간을 경험할 수 있습니다."

**훨씬 더 집중한 상태로
침착하고 명확하게 매 순간을
경험할 수 있습니다.**

앤디 퍼디컴

🔍 **TED 강연 들어보기**

앤디 퍼디컴:
'마음 챙김 10분이면 된다'
2012년

피코 아이어:
'고요함의 기술'
2014년

아득한 과거에 사용된
창의적인 방식을 사용해 보라

오래전에 사용된 방식은 숨겨진 보석과 같다.

창의적인 아이디어를 얻을 새로운 방법을 찾는 중이라면, 아득하게 먼 과거에서 영감을 얻을 수 있는지 알아보라. 오스카상 수상자인 우루과이 출신의 음악가 호르헤 드렉슬러(Jorge Drexler)는 '시, 음악과 정체성'이라는 제목으로 강연할 때, 데시마(décima, 10행으로 이루어진 가사의 형식)라는 고대의 방식으로 작곡에 사용한 경험을 소개한다. 그는 데시마 덕분에 본인도 깜짝 놀랄 정도로 창의적인 표현 방식을 찾았다고 말한다.

1591년에 스페인 음악가 비센테 에스피넬(Vicente Espinel)이 만든 꽤 복잡한 노래인데 44행으로 구성되어 있다. 도입부의 첫 번째 연은 4행으로 되어 있고, 그다음에 10행으로 된 4개의 연이 나온다. 수백 년에 걸쳐 전 세계로 퍼져나갔지만 놀랍게도 이 시스템은 변하지 않았다.

드렉슬러는 이렇게 설명한다. "400년이 지났는데도 라임이나 음절, 행의 구조가 변하지 않았습니다. 비센테 에스피넬에 박수를 보내고 싶네요. 426년이나 지났는데 전 세계 어디를 봐도 데시마가 그대로 유지되고 있으니까요."

실제로 이 작품은 그에게 큰 의미가 있다. 드렉슬러는 데시마를 연구하다가 영감을 얻어 '유대 황무지의 밀롱가(The Milonga of the Jewish Moor)'를 작곡했다. 성지의 평화를 외치는 열정적인 곡인데, 지금까지 드렉슬러가 작곡한 노래 중에서 가장 감동적이며 많은 사람에게 감동을 준 작품이다.

이처럼 데시마 또는 일본의 정형시인 하이쿠나 단카 같은 전통적인 시스템을 가지고 노력하다 보면 자신만의 창의적인 아이디어를 표현할 기회가 생길지 모른다.

TED 강연 들어보기

호르헤 드렉슬러:
'시, 음악과 정체성'
2017년

지잔 탐(Zezan Tam)
'매일 하이쿠를 쓰면 좋은 점'
2016년

> **400년이나 지났는데도 [데시마]는 라임이나 음절, 행의 구조가 변하지 않았습니다.**
>
> 호르헤 드렉슬러

협업할 때 좋은
대상을 선택하라

가장 좋은 창의적인 아이디어는 종종 협업이라는
시너지를 통해 만들어진다. 5장에서는 함께 팀으로 일할
적합한 사람을 어떻게 선정하며, 어떻게 해야 팀원들의
역량을 최대한 끌어낼 수 있는지 살펴보자.

내향적인 사람과 협동하는 요령을 배워라

창의성이 매우 뛰어난 사람 중에도 내향적인 사람도 있다.
그들과 함께 일하는 방법을 알아보자.

내향적인 사람은 언론의 주목을 크게 받지 못한다. 많은 조직의 분위기는 내성적인 사람이 성공하기 어려운 편이다. 하지만 협업 대상을 찾을 때 내성적인 사람이 최상의 선택이 될 수 있다.

내향적인 작가인 수잔 케인(Susan Cain)은 '내향적인 사람들의 힘'이라는 강연에서 내향적인 성향과 수줍어하는 성격은 다르다고 지적한다. "수줍음은 사회적 판단에 대한 두려움이지만, 내향적인 것은 사회적 자극을 포함하여 외부 자극에 반응하는 방식을 가리킵니다. 외향적인 사람은 자극을 많이 원하지만, 내향적인 사람은 조용하고 절제된 환경에 있을 때 가장 힘이 넘치고 활동적이며, 자신의 역량을 크게 발휘합니다."

고독은 창의성에서 매우 중요한 요소이다. 역사적으로 창의성이 매우 뛰어난 몇몇 사람이 굉장히 내향적이었다는 사실에서 이 점을 알 수 있다. 케인은 이렇게 설명한다. "다윈은 혼자서 숲속을 한참 거닐었고, 저녁 식사 초대를 극구 사양했습니다. 수스 박사라는 가명을 사용한 테오도르 가이젤(Theodor Geisel)은 종탑 사무실에 외로이 앉아서 멋진 캐릭터를 다수 만들었습니다. 스티브 워즈니악(Steve Wozniak)도 휴렛팩커드의 칸막이 사무실에 혼자 앉아서 최초의 애플 컴퓨터를 발명했지요."

그렇다고 해서 내향적인 사람은 타인과 같이 일하지 못한다는 뜻이 아니다. 워즈니악이 스티브 잡스와 완벽하게 조화를 이루어 일한 것을 보면 외향적인 사람과 내향적인 사람이 얼마든지 협업할 수 있다는

> **수스 박사는 종탑 사무실에 외로이 앉아서 멋진 캐릭터를 다수 만들었습니다.** ""
>
> 수잔 케인

결론이 나온다. 중요한 것은 내향적인 사람과 함께 일할 때 고독을 곱씹을 자기만의 공간이 필요함을 인정하고 그러한 공간을 제공하는 것이다. 그렇게 하면 내향적인 사람에게서 가장 좋은 결과를 얻을 수 있다.

케인은 이렇게 결론 내린다. "모든 사람이 각자의 방식으로 시작하고, 그룹 역학의 왜곡에서 벗어나 자신만의 아이디어를 창출한 다음, 한 팀으로 모여서 잘 관리된 환경에서 논의하면서 서로에게 배우는 것이 훨씬 좋습니다."

🔍 **TED 강연 들어보기**

수잔 케인:
'내향적인 사람들의 힘'
2012년

캐서린 루카스(Katherine Lucas):
'외향적인 사람을 대변하여'
2015년

가장 우수한 사람을 채용하는 비법

이력서가 전부는 아니다.

↗ 창의적인 작업을 협업할 대상을 구할 때, 화려한 이력서에 마음이 끌리는 것은 자연스러운 반응이다. 하지만 인사 전문가 레지나 하틀리(Regina Hartley)는 전혀 다른 접근 방식을 제시한다.

"나는 동료들과 함께 지원자들을 분류하기 위해 두 가지 공식 용어를 정했습니다. A 카테고리는 '실버스푼(silver spoon)'인데 여러 가지 장점이 있고 성공할 확률이 매우 높은 사람입니다. B 카테고리는 '스크래퍼(scrapper)'로 전자와 같은 지점에 오기까지 엄청난 역경을 극복해야 했던 사람을 가리킵니다."

하틀리는 실버스푼에게 어떤 반감도 없다. "명문 대학에 입학하고 졸업하려면 큰 노력과 희생이 필요"하다는 점도 인정한다. 하지만 인생 전체가 성공 지향적이라면, 위기가 닥칠 때 과연 잘 대처할 수 있을까?

"내가 고용한 어떤 직원은 명문대 출신이라서 일시적으로 육체노동을 하는 것과 같은 몇몇 업무는 자신의 수준에 맞지 않는다고 생각했어요. 자신은 기업 운영을 더 배우고 싶어 했죠. 그 사람은 결국 일을 그만두었습니다."

그 후로 하틀리는 항상 스크래퍼 지원자와 인터뷰하려고 노력한다. 그녀가 보기에 스크래퍼 지원자는 '인생 전체가 실패를 향해 곤두박질치는 것처럼

보이지만' 그래도 결국에는 성공하는 사람들이다.

"이력서를 하나 보여드리죠. 이 사람의 친부모는 자녀를 입양 보냈습니다. 그는 대학을 다 마치지 못했어요. 여러 번 직장을 바꿔야 했죠. 1년간 인도에 체류했고, 설상가상으로 난독증도 있습니다. 여러분이라면 이런 사람을 고용하시겠어요? 이 사람의 이름은 스티브 잡스입니다."

🔍 **TED 강연 들어보기**

레지나 하틀리:
'최고의 이력서를 가진 사람이 항상 최고의 인재가 아닌 이유'
2015년

아쉬위니 리널 바가트(Ashwini Mrinal Bhagat)
'32번의 힘겨운 인터뷰를 통해 배운 점'
2014년

인맥을 넓히는 방법

쉬운 선택을 피하면 된다.

↗ 사회적 인맥을 왜 넓혀야 할까? '놀라운 기회를 얻는 비밀은 바로 새로운 사람을 만나는 것이다'라는 강연에서 조직심리학자 타냐 메논(Tanya Menon)은 사회적 인맥을 넓히면 그동안 우리가 과소평가했던 다양한 방식으로 새로운 기회를 얻게 된다고 말한다.

메논은 마크 그래노베터(Mark Granovetter)라는 사회학자의 유명한 논문을 언급한다. 그래노베터는 사람들에게 직업을 어떻게 구했는지 물어보았다.

"조사해 보니 부모나 배우자 등 강한 연대를 통해 직업을 구한 사람은 많지 않았습니다. 만난 지 얼마 되지 않는 사람, 그러니까 '약한 연대'를 통해 직업을 구한 것이죠?"

그렇다면 '약한 연대'를 어떻게 만들 수 있을까? 알고 보면 의외의 방법이 있다. "가장 거슬리는 사람이 누군지 생각해 보세요. 바로 그 사람과 연대를 맺는 겁니다. 이렇게 연습하다 보면 보고 싶지 않았던 사람을 억지로 만나야 하고, 별로 가깝게 지내고 싶지 않았던 사람에게 다가가야 합니다. 이렇게 사회적 인맥을 넓히게 됩니다."

우리는 쉬운 선택을 하려는 성향을 물리쳐야 한다. 예를 들어, 메논은 교단에 설 때, 학생들이 매번 같은 자리에 앉지 못하게 한다. "나는 학생들이 앉은 자리를 돌아다니면서 억지로 새로운 사람과 함께 작업하게 만듭니다. 그렇게 해서 예상치 못한 인맥을 만들게 도와줍니다."라고 그는 말한다.

메논 교수처럼 학생들의 등을 떠밀면 창의력을 발휘하거나 개선하는 면에서 새로운 기회가 생길까? 그 점은 직접 시도해봐야 알 수 있을 것이다.

🔍 **TED 강연 들어보기**

타냐 메논:
'놀라운 기회를 얻는 비밀은 바로 새로운 사람을 만나는 것이다'
2017년

카레 앤더슨(Kare Anderson):
'기회를 만드는 사람이 돼라'
2014년

이 세상을 폭넓게 이해하려고 노력하라

'다리 역할을 해줄 사람'을 찾으면 인맥을 넓히는 데 도움이 된다.

사람들은 온라인 세상에서도 '현실'과 마찬가지로 자신과 비슷한 사람들과 주로 어울리는 경향이 있다. 블로거 겸 기술전문가인 에단 주커먼(Ethan Zuckerman)은 '세계 곳곳의 목소리에 귀 기울여라'라는 제목의 강연에서 다음과 같이 말한다. "여러분이 저처럼 덩치가 크고 괴짜다운 백인 남성이라면 아마 다른 괴짜 백인 남성과 주로 어울릴 겁니다. 그리고 트위터가 사실은 브라질의 영향이 강한 공간이라는 느낌도 들 필요가 없을 겁니다. 사실 트위터는 아프리카계 미국인들도 많이 사용하는데, 미국인들은 이 사실을 알면 깜짝 놀란답니다."

언어, 문화, 개인적 경험의 차이가 방해요인으로 작용할 경우, 어떻게 나와 비슷한 사람들과만 교류하는 것이 아니라 온라인 인맥을 넓힐 수 있을까? 한 가지 방법은 '다리 역할을 해줄 사람'을 찾는 것이다. 그는 에릭 허스만(Erik Hersman)의 예를 언급하며 다음과 같이 말한다. "그의 별명은 '백인 아프리카 사람'이었습니다. 유명한 미국인 괴짜였지만, 케냐 사람이기도 했죠. 수단에서 태어나서 케냐에서 자랐으니까요."

주커먼은 허스만이 다리 역할을 해주었다고 말한다. 그는 "양쪽 세상에 발을 담그고 있었습니다. 아프리카 기술 커뮤니티와 미국의 기술 커뮤니티 말이에요. 키베라의 대장장이에 관해 이야기할 수 있고, 그것을 사용하여 재창출 기술에 관한 이야기를 만들

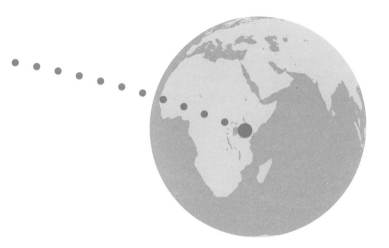

> ## 키베라의 대장장이에 관해 이야기할 수 있고,
> ## 그것을 사용하여 재창출 기술에 관한
> ## 이야기를 만들 수 있는 사람입니다. 〞
>
> 에단 주커먼

수 있는 사람입니다."

쉽게 말해서 그는 '이쪽 세상을 잘 알고, 반대쪽 세상에 이를 알릴 길을 찾고 있다. 양쪽 세상에 깊이 관여하고 있기 때문'이다. 우리도 이렇게 생각해 보자. 당신의 창의적 영역에서 다리 역할을 해줄 사람은 누구일까? 그리고 다양성이 어떻게 창의성을 북돋워 주는지 알고 싶다면 106쪽을 읽어 보길 바란다.

Q TED 강연 들어보기

에단 주커먼:
'세계 곳곳의 목소리에
귀 기울여라'
2010년

데이브 아이세이(Dave Isay):
'우리 주변의 모든 사람은
온 세상이 귀 기울여 들어야
할 이야기가 있다'
2014년

협업 규모를 확장하라
소수의 인원이 아니라 수백 명과 함께 일해 보라!

혼자 일하거나 작은 팀에서 일하면 편하다고 느낄 수 있다. 하지만 컴퓨터공학 교수인 루이스 폰 안(Luis von Ahn)은 '대규모 온라인 협업'이라는 강연에서 사람이 많을수록 더 좋은 결과가 나올 수 있다고 말한다.

"인류의 거대한 업적을 돌아보면 이집트의 피라미드나 파나마 운하 건설, 달에 사람을 보낸 것과 같이 역사적으로 손꼽히는 업적이 있죠. 그런데 이런 일에는 흥미로운 점이 있습니다. 그런 일에는 약 10만 명의 인력이 투입되었다는 겁니다."

물론 최근에도 그 정도 인원을 동원하려면 정부나 대기업 총수가 나서야 했다. 하지만 인터넷이 모든 것을 바꿔놓았다. 이제는 누구나 그런 일을 해낼 수 있다. 사실 서로 알지 못하는 사이라도 협업 관계를 맺을 수 있다!

한 가지 예시로서 폰 안 교수는 자신이 개발한 리캡차(reCAPTCHA) 프로젝트가 전 세계 도서를 디지털화하는 데 도움이 되었다고 설명한다. 리캡차는 웹사이트 사용자가 로봇이 아니라 실제 사람인지 확인하는 데 사용되는 작은 퍼즐이다. 고서의 화려한 필체를 디지털 문서로 변환하는 작업처럼 사람은 해결할 수 있지만 사람의 도움이 없이 소프트웨어만으로는 불가능한 문제를 다루는 소프트웨어이다.

폰 안 교수의 결론은 다음과 같다. "방금 보여드린 프로젝트는 7억 5,000만 명의 도움을 얻어서 인간의 지식을 디지털화했습니다. 내 연구의 핵심 질문은 '10만 명의 힘으로 사람을 달에 보낼 수 있었다면, 1억 명으로 과연 무슨 일을 해낼 수 있을까?'입니다."

Q TED 강연 들어보기

루이스 폰 안:
'대규모 온라인 협업'
2011년

레이첼 보츠먼(Rachel Botsman):
'협동 소비의 사례'
2010년

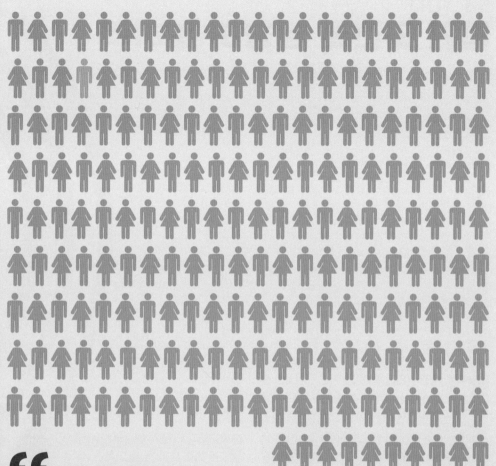

> **7억 5,000만 명의 도움을
> 얻어서 인간의 지식을
> 디지털화했습니다.**
>
> 루이스 폰 안

자기 의견을 당당히 말하라

자신의 권익을 지키는 방법.

협동 작업을 잘하려면 자신을 변호할 줄 알아야 한다. 그렇지 않으면 프로젝트를 같이 진행하는 사람이 모든 일을 제 마음대로 하려고 들 것이다. 사회심리학자 아담 갈린스키(Adam Galinsky)는 '자기주장을 잘하는 방법'이라는 강연에서 상대방의 입장에서 생각해 보기(perspective taking)이라는 방법을 소개한다.

"상대방의 입장에서 생각해 보는 것은 별로 어렵지 않아요. 상대방의 눈으로 세상을 본다고 상상하면 됩니다. 내가 상대의 입장에 서서 그 사람이 진정으로 원하는 것이 뭔지 생각해 보는 거죠. 그러면 상대방도 내가 정말로 바라는 것을 제게 해줄 가능성이 커집니다."

그는 다소 믿기 어렵지만 실제로 있었던 이야기를 제시한다. 2010년에 59세 남성이 캘리포니아주 왓슨빌에 있는 은행에 들어와서 자기 배낭에 폭탄이 들어있다고 은행 직원을 위협했다. 그는 2천 달러를 내놓지 않으면 폭탄을 터트리겠다고 했다. 갈린스키에 따르면 "은행 책임자는 그에게 돈을 내어주지 않고, 한 걸음 뒤로 물러나서 강도의 관점으로 생각해 보았죠. 그래서 아주 중요한 점을 깨달았는데, 그 남자는 원하는 액수를 정확히 말했다는 것입니다. 그래서 책임자는 '2천 달러가 왜 필요합니까?'라고 되물었습니다."

"남자는 이렇게 대답했습니다. '내가 지금 당장 2천 달러를 구해주지 못하면 내 친구가 쫓겨납니다.'

책임자는 그 말을 듣고 '세상에! 당신은 은행 강도질을 하려는 게 아니라 대출이 필요하군요. 제 사무실로 오셔서 서류를 작성하시면 어떨까요?'"

　물론 그 남자는 서류를 작성하던 도중에 체포되었다. 다소 엉뚱하긴 하지만 상대방의 입장에서 생각한 덕분에 좋은 결과를 얻은 사례이다. 이처럼 업무를 할 때 상대방의 처지에서 생각해 보면 이점이 생긴다. 자신감을 높이는 방법을 더 알아보고 싶다면 116쪽을 읽어 보길 바란다.

Q **TED 강연 들어보기**

아담 갤린스키:
'자기 주장을 잘하는 방법'
2016년

데이비드 켈리(David Kelley):
'창의적 자신감을 키우는 방법'
2012년

온라인 대화를 개선하라

반향실 밖으로 나와서 유치원 시절을
다시 생각해 보라.

우리는 모두 '반향실(echo chamber, 방송 연출에 필요한 에코 효과를 만들어 내는 곳)'의 먹이가 되어 버렸다. 우리와 같은 방식으로 생각하는 사람에 둘러싸인 나머지, 더 넓은 세상으로 나가면 우리와 생각이 다른 사람도 얼마든지 있다는 것을 망각한다. 이렇게 되면 정치만 양극화되는 것이 아니다. 창의적인 작업을 할 때도 자신의 소셜 네트워크에 있는 사람들이 특정 타이포그래피를 좋아하거나 특정한 스타일의 음악을 선호한다는 이유만으로 전 세계 사람이 그럴 것이라고 착각할 수 있다.

국내 평화운동가인 조안 블레이즈(Joan Blades)와 기술전문가 존 게이블(John Gable)은 '필터의 버블에서 벗어나라'는 강연에서 소셜 네트워크에 다양성을 확보하면 이 문제를 해결할 수 있다고 말한다.

"인종이나 성별만 다양화해서는 해결되지 않습니다. 젊은 사람과 장년층처럼 연령층도 다양화하고, 도심과 시골, 보수와 진보 등 여러 분야에서 다양화해야 합니다." 온라인에서도 더 신중하게 대화하는 법을 배워야 한다. SNS에서는 흔히 학교 운동장에서 아이들이 싸우는 것과 비슷한 상황이 벌어지는데 그런 논쟁에 휘말리지 않게 주의해야 한다. 그보다는 블레이즈가 말하는 '거실 대화'를 추구해야 한다.

그는 거실 대화에 대해 이렇게 설명한다. "서로 관점이 다른 두 친구가 각자 두 명의 친구를 더 초대해서 짜임새 있는 대화를 나누는 것을 말합니다. 대화 참여자는 모두 호기심, 존중, 대화의 순서를 지키

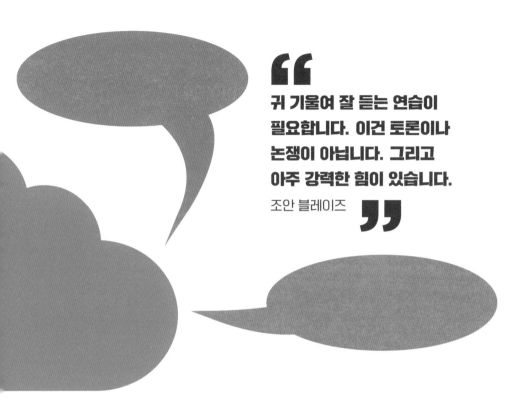

> **"귀 기울여 잘 듣는 연습이 필요합니다. 이건 토론이나 논쟁이 아닙니다. 그리고 아주 강력한 힘이 있습니다."**
>
> 조안 블레이즈

는 것과 같은 간단한 기본 원칙을 따르는 데 동의합니다. 사실 이런 것은 유치원 때 배우는 기본예절이라서 아주 쉬운 것이죠."

블레이즈는 여기에 한 가지를 더 강조한다. "귀 기울여 잘 듣는 연습이 필요합니다. 이건 토론이나 논쟁이 아닙니다. 그리고 아주 강력한 힘이 있습니다. 서로 생각이 다른 여러 사람이 우리 집 거실에 와서 대화를 나눈다고 상상해 보세요. 정말 흥미진진한 경험이 될 겁니다."

빠르게 변화하는 디지털 세계에서 이는 거의 불가능하다고 생각될지 모른다. 하지만 유치원에서 이런 대화를 시도한다고 생각해 보면 당장이라도 실천할 수 있지 않은가?

Q TED 강연 들어보기

조안 블레이즈, 존 게이블:
'필터의 버블에서 벗어나라'
2017년

에리카 조이 베이커(Erica Joy Baker):
'직장에서 불안의 격차를 어떻게 해소할 수 있는가?'
2017년

다양성은 창의성을 북돋워 준다

사실: 다양성을 존중하는 기업이 더 혁신적이다.

다양성을 갖춘 기업이 정말 더 혁신적일까? 경영 컨설턴트인 로시오 로렌조(Rocío Lorenzo)는 독일, 오스트리아, 스위스의 기업 171개를 조사한 결과 정말 그렇다는 결론을 얻었다.

'다양성은 팀을 더 혁신적으로 만들어 준다'라는 제목의 강연에서 로렌조는 설문 조사에서 두 가지 질문을 사용했다고 말한다. 우선 그들이 얼마나 혁신적인 기업이며 얼마나 다양성을 중시하는지 물어보았다고 한다. 첫 번째 질문을 알아보기 위해 혁신 수익, 즉 지난 3년간 신제품 및 신규 서비스로 벌어들인 수익의 비율이 어느 정도인지 물어보았다. 달리 말하자면 연구원들은 해당 기업이 창의적인 아이디어를 몇 개나 가졌는지 알아보려고 하지 않았다(아이디어의 개수는 해당 아이디어의 질적 수준과 무관하기 때문이다). 그들은 창의적인 아이디어를 반영한 상품이나 서비스를 통해 성공을 거두었는지 알아보려고 했다. 두 번째 질문과 같이 다양성을 알아보기 위해 그들은 출신 국가, 나이, 성별과 같은 여섯 가지 요소를 살펴보았다.

조사 결과는 다음과 같았다. "두 달쯤 지나니 데이터가 나왔어요. 우리 중에서 가장 회의적인 사람도 데이터를 보고 결과에 수긍했습니다." 로렌조는 확신에 차서 말했다. "결론은 매우 명확했어요. 의문이나 반론을 제기할 여지가 전혀 없었습니다. 샘플 데이터를 보니 다양성이 두드러지는 기업일수록 더 혁신적이었어요. 확실했습니다."

새로 사원을 뽑거나 일회성 프로젝트의 협업자를 찾을 때도 이 점을 적용하길 바란다. 자신과 비슷한 사람을 뽑으려는 경향을 억눌러야 한다. 다양성을 최대한 확보해야 한다. 그러면 혁신을 통해 실제적이고 측정 가능한 실적을 거두게 될 것이다.

> **Q TED 강연 들어보기**
>
> **로시오 로렌조:**
> '다양성은 팀을 더
> 혁신적으로 만들어 준다'
> 2017년
>
> **자넷 스토벌(Janet Stovall):**
> '직장의 다양성과 포용성을
> 진지하게 고려하는 방법'
> 2018년

난관에 대처하는 법

틀릴 준비가 되어 있다는 것은 약점이 아니라 장점이다.

 다른 창작자와 협업할 때 가장 힘든 고비는 언제일까? 아마 양측이 모두 자기가 옳다고 '여기기' 때문에 한 치도 양보하지 않는 때일 것이다.

이론적으로 생각하면 누구나 실수를 저지른다. 그렇지만 정작 자신의 실수를 인정하기는 쉽지 않다. '틀림에 대하여'라는 강연에서 작가 겸 저술가로 활동하는 캐스린 슐츠(Kathryn Schulz)는 실수를 인정하지 않으면 그 결과로 "자기가 옳다고 믿는 작은 거품에 갇힌 채로 인생을 살아가게 됩니다."라고 말한다.

어떤 종류의 협업을 하든 이런 태도는 큰 걸림돌이 된다. 슐츠는 이렇게 지적한다. "누군가와 의견이 맞지 않을 때 '저 사람이 뭘 몰라서 저러는 거야.'라는 생각이 가장 먼저 듭니다. 내가 아는 점을 알지 못해서 반대하는 것이니, 그 정보를 관대하게 알려주면 뭔가 깨닫겠지.'라고 생각하죠." 그런데 내 말을 듣고도 상대방이 생각을 바꾸지 않으면 상대방이 '머리가 나쁘거나 진실을 알면서도 일부러 왜곡하려 든다'라고 생각할 것이다.

물론 갈등을 극복하고 성공적으로 협업하려면 이런 악순환을 끝내야 한다. 슐츠의 표현을 빌리자면 "자기가 옳다고 믿는 것은 편협하고 끔찍한 생각입니다." 그런 생각에서 벗어나 상대방을 돌아볼 줄 알아야 한다. 광대하고 복잡하고 신비로운 우주를 보며 '음, 잘 모르겠어. 어쩌면 내가 틀렸을지도 모르지'라고 생각하길 바란다. 슐츠는 이렇게 설명한다. "자기가 옳다고 생각하는 것은 아주 편협하고 무서운 태도입니다. 거기에서 벗어나 상대방을 돌아보고 이 우주가 얼마나 광활하고 복잡하고 신비로운지 살펴보세요. 그러면 '우와, 난 잘 모르겠어. 어쩌면 내 생각이 틀렸을지도 모르지.'라고 말하게 될 겁니다."

우리도 이렇게 생각해 보자. 내가 틀렸다는 것을 인정하기가 죽기보다 싫을지 몰라도 일단 인정하고 나면 상당히 개운할 것이다!

Q TED 강연 들어보기

캐스린 슐츠:
'틀림에 대하여'
2011년

치에 후앙(Chieh Huang):
'회복 중인
마이크로매니저의 고백'
2018년

자기가 옳다고 믿는 것은 편협하고 끔찍한 생각입니다. 그런 생각에서 벗어나 상대방을 돌아볼 줄 알아야 합니다.

캐스린 슐츠

효과적으로 주장을 펼쳐라

잘 구조화된 토론은 사람들의 눈길을 끄는 행위보다 더 생산적이다.

인터넷으로 대화하면 쉽고 빠르다는 장점이 있다. 하지만 어떤 주장을 펼칠 때는 엄격하고 자기 입장만 강조하게 되므로 문제 해결이나 의견 조율이 상당히 어려워진다.

줄리아 다르(Julia Dhar)는 세계 토론 대회에서 우승한 이력이 있다. 그는 '효과적으로 반박하고 공통점을 찾는 방법'이라는 강연에서 견해차가 있으면 상대방을 직접 만나서 체계적으로 대화하는 것이 훨씬 더 낫다고 말한다.

"토론하려면 자신과 다른 주장을 하는 사람을 직접 대면하되 존중심 있는 태도를 유지해야 합니다. 토론의 기초는 반박입니다. 상대가 어떤 주장을 펼치면 내가 반응하고, 그 반응에 대해 상대가 또다시 의견을 제시하는 것이죠. 반박이 없으면 토론이 아니라 거들먹거리는 말에 불과합니다."

토론은 얼굴을 맞대고 있는 상황에서 훨씬 쉽게 이루어진다. 그는 캘리포니아대학교 버클리 캠퍼스의 줄리아나 슈로더 교수팀이 진행한 연구를 근거로 논쟁의 여지가 있는 주장을 펼치는 상대방의 목소리를 듣는 것에 관해 이렇게 말한다. "지극히 인간다운 모습입니다. 그렇게 하면 그 사람이 말하는 내용에 더 쉽게 관여할 수 있습니다."

다르는 다음과 같이 명확한 해결책을 제시한다. "키보드를 멀리하고 대화를 시작하세요. 이 개념을 조금 더 확장해 볼까요? 일련의 기조연설과 정중한 태도의 패널이 참여하는 토론을 중단시키고, 이를 구조화된 토론으로 대체하는 것은 아무도 막지 못합니다."

이 세상의 문제를 해결하고 싶든 사람이든, 창의성을 요구하는 프로젝트의 방향을 정하고 싶은 사람이든, 모두가 이 조언을 꼭 실천하길 바란다.

Q TED 강연 들어보기

줄리아 다르:
'효과적으로 반박하고 공통점을 찾는 방법'
2018년

칼 뉴포트(Cal Newport):
'소셜 미디어를 그만두어야 하는 이유'
2018년

**키보드를 멀리하고
대화를 시작하세요.**

줄리아 다르

관객과 협업하라

창의적인 과정에 상대방을 참여시키는 방법.

다른 사람과 협동 작업을 한다고 생각하면 흔히 또 다른 크리에이터를 떠올릴 것이다. 하지만 관객과 협동하는 것은 어떨까? '신뢰, 취약성, 연결성으로 만든 예술'이라는 강연에서 마리나 아브라모비치(Marina Abramović)는 공연 예술에서 관객은 창작자만큼 중요한 존재라고 설명한다. "작품은 관객과 공연자가 함께 만들어가는 것입니다."라고 그녀는 말한다. 뉴욕 현대미술관(Museum of Modern Art)에서 열린 그녀의 공연을 보면, 의자에 그녀가 앉아 있고 맞은편에 아무도 없는 의자가 놓여 있다. 그녀는 관객에게 원한다면 그 의자에 앉아서 자신과 마주 볼 수 있다고 말한다.

"큐레이터는 저를 극구 만류했어요. '이건 말도 안 됩니다. 여긴 뉴욕이잖아요. 아무도 앉지 않을 겁니다. 그럴 시간이 어디 있겠어요?'라고 하더군요." 하지만 아브라모비치는 하루에 8~10시간 동안 앉아 있었고, 이런 공연이 3개월간 이어졌다. 마침내 관객이 그녀의 초대에 응했으며 적극적으로 빈 의자에 와서 앉았다.

"사람들이 의자에 앉아서 저를 마주 보았습니다. 그동안 많이 힘들고 외로웠죠. 하지만 다른 사람의 눈으로 보면 놀라운 것이 많아요. 말 한마디 없이 낯선 이방인의 시선으로 바라보는 것 같았지만, 모든 것이 달라졌습니다."

그 공연은 그녀에게 잊지 못할 경험이었다. "3개월 후에 의자에서 벌떡 일어나면서 한 가지 깨달음을 얻었어요. 예전과 전혀 다른 사람이 되어 있었죠. 정말 특별한 경험이었습니다. 모두에게 꼭 알려야겠다고 생각했어요."

모든 사람이 아브라모비치의 경험에 영감을 받아서 공연 예술가가 될 필요는 없다. 문화적인 것을 좋아하는 사람이라면, 예술 작품, TV 프로그램, 웹사이트와 같은 것의 일부가 될 기회를 반길 것이다. 그들에게 기회를 줄 만한 방법을 생각해 보는 것은 어떨까?

🔍 TED 강연 들어보기

마리나 아브라모비치:
'신뢰, 취약성, 연결성으로
만든 예술'
2015년

아만다 팔머(Amanda Palmer):
'질문의 기술'
2013년

❝
**말 한마디 없이 낯선 이방인의
시선으로 바라보는 것 같았지만,
모든 것이 달라졌습니다. ❞**

마리나 아브라모비치

혁신적으로
새로운 일 처리
방식을 시도해 보라

이 세상은 급격히 달라지고 있기에 더는 예전의 일 처리
방식에 의존할 수 없다. 6장에서는 판도를 바꾸어 놓을
참신한 일 처리 방식을 알아보자.

거절에 익숙해져라
예민함을 줄이면 해방감을 느낄 것이다.

거절당할 때 기분 좋은 사람은 아무도 없다. 하지만 노력하면 거절에 대한 예민한 반응을 줄일 수 있다. 작가, 블로거, 기업가로 활동하는 지아 장(Jia Jiang)은 '100일간의 거절을 통해 배운 것'이라는 강연에서 스스로 예민한 반응을 줄이기 위해 어떻게 했는지 설명한다. 그는 과정을 모두 동영상으로 찍어 두었다. 첫 번째 날에 전혀 모르는 사람에게 100달러를 달라고 했다. "그 사람이 저를 이상하게 쳐다봤어요. '그건 안 돼. 내가 왜?'라고 하길래 그냥 '안 된다고요? 네, 알겠습니다. 죄송합니다.'라고 말하고 얼른 도망가 버렸어요. 너무 부끄럽고 창피했습니다."

두 번째 날에 그는 햄버거 가게에 들어가 버거를 시켜 먹은 후에 직원에게 버거를 리필해 달라고 했다. 직원은 어이없는 표정을 지으며 단칼에 거절했다. "하지만 처음에 내가 느꼈던 죽을 것 같은 긴장감은 없었어요. 계속 노력하니까 되더라고요. 이번에는 도망치지 않았습니다. '우와, 대단하다. 내가 벌써 조금씩 달라지고 있어. 아주 좋아!'라고 생각했습니다."

셋째 날에는 크리스피 크림 도넛 가게에 가서 도넛 5개를 서로 연결해서 올림픽 오륜기 모양을 만들어 달라고 했다. 놀랍게도 직원은 그의 요청대로 만들어 주었고 그 모습을 찍은 동영상은 유튜브에서 조회 수 500만 회를 기록했다.

이런 식으로 실험을 100일간 지속하고 나니 인생을 바라보는 그의 시각은 완전히 달라졌다. "예전에는 거절당하는 것을 너무 싫어했어요. 큰 약점이었죠. 평생 거절당하는 일을 피하느라 인생을 허비하고 있었습니다. 하지만 거절을 인정하고 받아들이자, 내 인생에서 가장 큰 선물 같은 것이 되었습니다."

Q TED 강연 들어보기

지아 장:
'100일간의 거절을
통해 배운 것'
2015년

앨리슨 레저우드(Alison Ledgerwood):
부정적인 면에 갇히는 것
(그리고 갇히지 않는 방법)
2014년

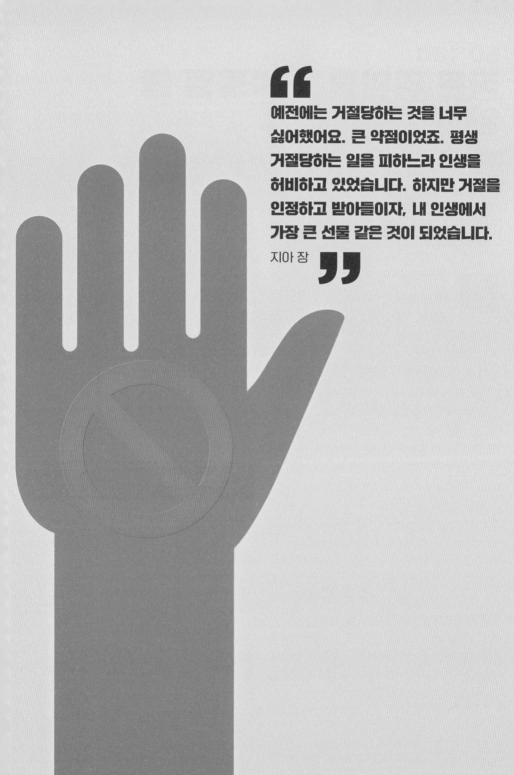

"
예전에는 거절당하는 것을 너무 싫어했어요. 큰 약점이었죠. 평생 거절당하는 일을 피하느라 인생을 허비하고 있었습니다. 하지만 거절을 인정하고 받아들이자, 내 인생에서 가장 큰 선물 같은 것이 되었습니다.

지아 장 "

작은 위험을 받아들일 줄 알아야 한다

사소한 위험을 감수하면 자기 경력에 의미 있는
변화를 줄 수 있다.

매우 용감하거나 아주 어리석은 사람만이 자기 인생이나 직업을 두고 큰 위험을 감수한다. 하지만 자신만의 안전지대에서 한걸음 벗어나는 정도의 작은 위험을 감수하는 것은 어떨까? 티나 실리그(Tina Seelig) 교수는 우리가 바로 그런 용기를 내야 한다고 말한다.

'작은 위험을 감수하면 행운이 찾아올 가능성이 커진다'라는 강연에서 실리그는 자기 경험을 소개한다. "한 번은 이른 새벽 비행기로 에콰도르에 갔습니다. 평소라면 헤드폰을 끼고 잠을 청하거나, 잠이 오지 않으면 업무를 처리했을 겁니다. 하지만 이번에는 작은 위험을 감수해 보기로 마음먹고 옆자리 남자에게 말을 걸었습니다."

그 남자는 출판사에 일한다고 했다. 두 사람은 편하게 대화를 나누었다. 비행의 사 분의 삼이 지날 무렵에 그녀는 또 다른 위험 감수를 시도했다. 그 남성에게 책 출판을 의뢰한 것이다.

남성은 "감사하지만 사양할게요."라고 말했다. 하지만 두 사람은 자세한 점을 함께 살펴보았고 몇 달 후에 그 남자는 실리그 교수의 글쓰기 수업에 참석했다. 그 후로도 몇 차례의 우회적인 사건이 있고 난 뒤에, 그 남성이 아니라 남성의 동료 중 한 사람이 실리그 교수의 출판 제안을 받아들였다.

2년도 채 지나지 않았는데 그 책은 전 세계 여러 나라에서 백만 권 이상 팔려나갔다. 실리그 교수는 이렇게 말한다. "이 결론을 들은 후에는 많은 사람이 저에게 '정말 운이 좋았군요.'라고 말할 겁니다. 하지만 내가 낯선 사람에게 먼저 인사를 건네는 등, 여러 차례 작은 위험을 감수했기 때문에 그 행운을 얻은 겁니다. 누구나 시도해 볼 수 있습니다."

Q TED 강연 들어보기

티나 실리그:
'작은 위험을 감수하면
행운이 찾아올 가능성이
커진다'
2015년

시온 오우(Siawn Ou):
'백덤블링의 기술'
2015년

실패를 축하하는 방법

성공하려고 애쓰는 것보다 실패를 목표로
삼는 편이 더 효율적이다.

창의적인 작업 중에 실수를 저지르면, 자연스레 남에게 들키지 않고 싶다고 생각할 것이다. 심지어 자기 자신에게도 그 실수를 숨기고 싶을 것이다. 하지만 '실패를 축하할 때 얻을 수 있는 예상치 못한 유익'이라는 강연에서 작가이자 기술전문가인 아스트로 텔러(Astro Teller)는 실패를 숨기지 말고 오히려 축하해야 한다고 말한다.

텔러에 따르면 구글엑스(현 X-디벨롭먼트)는 이 방법을 적용하여 좋은 결과를 얻었다. 구글엑스는 개발도상국에 인터넷서비스를 무료로 제공하는 풍선처럼 전 세계의 주요 문제를 해결할 수 있는 급진적인 해결책을 제공할 목적으로 만든 '문샷 팩토리(moonshot factory, 혁신적인 것을 만드는 공장)'이다.

텔러는 실패를 축하하는 것이 꼭 필요한데, "대범하게 행동하면서 위험 부담이 있는 대규모 작업을 진행하려면 필연적으로 불편과 불안을 느끼기 때문"이라고 덧붙인다. 한마디로 온갖 걱정이 뒤따르기 때문이다. 사람들은 '실패하면 나는 어떻게 될까? 사람들이 비웃지 않을까? 직장에서 해고되면 어떻게 하지?'라고 생각한다. 결국 직원들이 과감한 실험을 하거나 창의적인 아이디어를 제시하게 유도하려면, 평소와 달리 실패를 축하받을 이유로 만들어야 했다.

이렇게 하자 "각 팀은 아이디어가 옳지 않다는 증거가 제시되자마자 그 아이디어를 배제했습니다. 그

렇게 하면 보상이 뒤따르니까요. 그리고 동료들에게 칭찬을 받았습니다. 상사는 그를 안아주거나 기분 좋게 하이 파이브를 했고, 승진의 기회를 주기도 했습니다. 2명으로 이루어진 소규모 팀에서 30명이 넘는 팀에 이르기까지 프로젝트를 끝내면 모든 팀원이 보너스를 받았습니다."

이상한 방침이라는 생각이 들지 모르나, 전 세계에서 손꼽히는 대기업 중 하나가 창의적인 시도가 실패할 때 이를 축하한다면, 우리도 자신의 실패에 대해 그런 태도를 보여야 하지 않을까?

TED 강연 들어보기

아스트로 텔러:
'실패를 축하할 때 얻을 수 있는
예상치 못한 유익'
2016년

라파엘 로즈(Raphael Rose):
스트레스부터 회복력까지
2018년

자책하지 않는 방법

창의성은 목표에 도달하는 순간이 아니라
목표에 다가가는 과정이다.

일반적으로 창의적인 일에서 성공하는 것을 논할 때에 다들 최종 결과에 초점을 맞춘다. 하지만 미술역사가이자 평론가인 사라 루이스(Sarah Lewis)는 '거의 성공할 뻔했던 경험도 수용하라'라는 강연에서 전혀 다른 관점을 강조한다.

루이스의 첫 직장은 박물관이었다. 그곳에서 엘리자베스 머레이(Elizabeth Murray)의 회고전을 준비하면서 이 화가에 대해 한 가지 중요한 점을 알게 되었다. 머레이의 작품은 전부 걸작이라고 할 수 없었다. 그래서 머레이를 찾아가서 자신의 초창기 작품에 대해 어떻게 생각하는지 물어보았다. 머레이는 초창기 작품이 목표와 한참 거리가 있었고 어떤 것들은 쓰레기통에 버려졌다고 했다. 그 말을 듣자마자 성공과 창의성에 대한 루이스의 생각이 크게 달라졌다. 그녀는 '걸작을 만드는 것은 목표에 도달하는 순간이 아니라 목표에 다가가는 과정'이라는 깨달음을 얻었다.

달리 말하면 걸작을 좌우하는 것은 최종 목표가 아니다. 중요한 것은 '현재의 위치와 자신이 원하는 위치 사이의 간극을 계속 좁히려고 애쓰는' 태도였다. "듀크 엘링턴도 그 점을 이해하고 있었습니다. 그는 자신의 레퍼토리 중에서 가장 좋아하는 곡은 항상 다음 곡이었다고 했습니다."

그렇다면 자신의 창의적인 일이 완벽하지 않다고 해서 자신을 괴롭히거나 자책할 필요가 없다. 솔직히 말해서 앞으로 절대 완벽하게 끝내지 못할 것이며, 다른 사람도 마찬가지일 것이다. 우리가 중요하게 여겨야 할 대상은 꿈을 향해 나아가는 과정에서 성공에 가까워진 모든 순간이다.

Q TED 강연 들어보기

사라 루이스:
'거의 성공할 뻔했던
경험도 수용하라'
2014년

찰리 하베르새트(Charly Haversat):
'완벽주의가 우리의
발목을 잡는 이유'
2015년

> **걸작을 만드는 것은 목표에 도달하는 순간이 아니라 목표에 다가가는 과정이다.**
>
> 사라 루이스

다섯 가지 모두

새로운 기술을 사용하면 참신한 방법으로
관객의 참여를 끌어낼 수 있다.

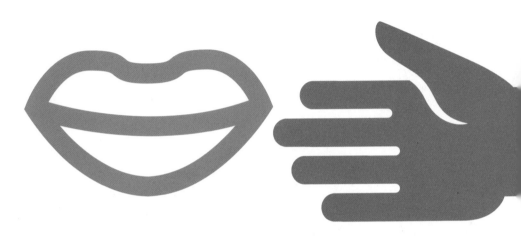

사람들은 흔히 창의적인 일이 오감 중 한 두 개에 관련된다고 생각한다. 음악가는 청각을 공략하고 예술가는 시각을 자극한다. 하지만 오감을 모두 겨냥하는 것이 있을까?

크리스텔 벨트란(Christel Beltran)은 '다섯 가지 모두'라는 제목의 강연에서 현대 기술은 눈부시게 발전한 상태이며 "조만간 컴퓨터가 숨을 쉬고 감정을 느끼고 소리를 듣고 눈으로 보고 움직일 것이며, 인간의 감각보다 훨씬 뛰어난 역량을 갖게 될 것"이라고 말한다. 그렇다면 이러한 역량을 모두 어떻게 활용할지 미리 생각해 보는 것이 좋다.

예를 들어, 촉감을 생각해 보자. 우리가 주변의 물체를 만지면 손가락 끝에 있는 말초 신경에서 두뇌로 전기 신호가 전달된다. 벨트란은 "가까운 미래에 이러한 신호를 사용해서 우리가 만지는 물건의 디지털 모형을 만들고, 컴퓨터가 그 정보를 학습하게 될 겁니다."라고 설명한다.

휴대 전화의 진동을 통해서 이런 감각을 재현할 수 있을 거라는 뜻이다. 그러면 소비자는 온라인으로 물건을 사기 전에 그 물건을 만질 때 어떤 느낌이 드는지 미리 확인할 수 있을 것이다.

벨트란의 강연은 신기술의 의학적 장점을 주로 부각하지만, 창의적인 업무에도 분명 적용할 수 있다. 어떤 노래의 냄새를 맡을 수 있다거나 촉감으로 감상할 수 있는 책의 삽화를 상상해 보라. 관중의 감각을 더 많이 사용할 수 있는 또 다른 방법도 있지 않을까?

> **조만간 컴퓨터가 숨을 쉬고 감정을 느끼고 소리를 듣고 눈으로 보고 움직일 것이며, 인간의 감각보다 훨씬 뛰어난 역량을 갖게 될 것입니다.**
>
> 크리스텔 벨트란

🔍 TED 강연 들어보기

크리스텔 벨트란:
'다섯 가지 모두'
2013년

데이비드 이글먼(David Eagleman):
'인간에게 새로운 감각을
만들어 줄 수 있을까?'
2015년

사무실을 벗어나면 생산성이 높아진다

사무실은 케케묵은 개념이다. 이제는 다른 곳에서
업무를 처리해야 한다.

소프트웨어 업체를 운영하는 제이슨 프라이드(Jason Fried)는 다소 급진적인 이론을 제시한다. 그것은 바로 사무실은 업무에 적합한 장소가 아니라는 것이다. '사무실에서 일이 잘 안 되는 이유'라는 강연에서 그는 자신의 주장이 보편적이지 않다는 점을 인정하지만, 사람들이 흔히 옳다고 생각하는 것이 이제는 시대에 뒤떨어진다고 말한다.

프라이는 10년 이상 사람들에게 이렇게 질문해 보았다. "어떤 일을 정말 꼭 처리해야 한다면, 어디에 가서 그 일을 마무리하고 싶습니까?" 이렇게 질문하면 사람들은 "현관, 데크, 지하실, 카페, 도서관 등을 언급합니다. 기차, 비행기, 자동차라고 말하는 사람도 있습니다."

한 마디로, '사무실'에 가서 일을 끝내려는 사람은 거의 없다. 사실 이것은 별로 놀랄 일이 아니다. "디자이너, 프로그래머, 작가, 엔지니어, 사상가처럼 창의적인 업무를 하는 사람들은 어떤 일을 마무리하려면 중간에 방해받지 않고 꽤 오랜 시간 집중해야 합니다." 그런데 사무실은 걸핏하면 방해받기 쉬운 곳이다. 그래서 정작 일을 다 마무리하기에 적합한 장소가 아니다.

정말로 창의력을 발휘하고 싶다면 사무실에서 보내는 시간을 줄이고 집에서 일하는 시간을 늘리는

것도 하나의 방법이 될 수 있다. 이것이 여의찮다면 사무실 내에서 주의 집중에 방해가 되는 것을 줄일 수 있는지 알아보기를 바란다. 프라이드는 이렇게 제안한다. "다들 '캐주얼 프라이데이'에 대해 들어봤을 것입니다. 그렇다면 '말 없는 목요일'은 어떨까요?"

🔍 TED 강연 들어보기

제이슨 프라이드:
'사무실에서 일이
잘 안 되는 이유'
2010년

매트 멀렌웨그(Matt Mullenweg):
'재택근무가 비즈니스에
좋은 이유'
2019년

“
창의적인 업무를 하는 사람들은 어떤 일을
마무리하려면 중간에 방해받지 않고 꽤
오랜 시간 집중해야 합니다. ”

제이슨 프라이드

잠을 자면 창의성이 향상된다

잠을 잘 자면 영감이 떠오르고 생산성도 높아진다.

일반적으로 사람들은 직장에서 성공하려면 일을 많이 하고 잠을 줄여야 한다고 생각한다. 그러나 허핑턴포스트의 공동창립자이자 이전 편집장이었던 아리아나 허핑턴(Arianna Huffington)은 그런 방식이 오히려 생산성에 방해가 된다고 말한다. '성공하려면 잠을 더 자라'라는 제목의 강연에서 허핑턴은 수면이 자신에게 특별히 의미 있는 주제라고 말한다.

"저는 수면의 가치를 아주 힘들게 깨달았습니다. 2년 반 전에 너무 지쳐서 기절했어요. 책상에 머리를 부딪쳤는데 광대뼈가 골절되고 오른쪽 눈을 다섯 바늘이나 꿰매야 했습니다. 그 일을 계기로 수면의 가치를 다시 생각해 보게 되었습니다."

그는 수면의 가치를 연구하면서 의사와 과학자들을 직접 만나보았다. 그러고 나서 "업무 생산성을 높이고 영감을 더 얻고 더 즐겁게 살고 싶다면 잠을 충분히 자야 합니다."라는 결론을 내렸다.

하지만 현재 우리 주변의 문화는 이와 반대로 수면을 반대하는 분위기를 조성하기 때문에 목표를 세우고 이에 고착하려면 큰 결심이 필요하다.

"특히 이곳 워싱턴에서는 아침 식사 겸 데이트를 하려고 '8시가 어떨까요?'라고 말하면 아마 상대방은 이렇게 말할 겁니다. '8시는 저에게 좀 늦은 시각이에요. 그래도 괜찮습니다. 테니스를 치고 회의 관련 전화를 몇 통 하고 나서 8시에 당신을 만나면 되니까요.'"

상대방은 저렇게 말하면 자신이 아주 바쁘고 생산적으로 일하는 사람이라는 이미지를 전달할 수 있다고 여긴다. 그런데 허핑턴은 이렇게 설명한다. "하지만 현실은 그와 정반대입니다. 비즈니스, 금융, 정

ZZZZZZZZZ

> **업무 생산성을 높이고 영감을 더 얻고 더 즐겁게 살고 싶다면 잠을 충분히 자야 합니다.**
> 아리아나 허핑턴

치 등 여러 분야를 돌아보면 아주 똑똑한 지도자가 어리석은 결정을 내리는 경우를 종종 보게 됩니다. 여러분은 그렇게 하지 마세요. 눈을 감으시기를 바랍니다. 그러면 자기 내면에서 훌륭한 아이디어를 찾게 될 겁니다. 모든 걸 멈추고 수면의 힘이 얼마나 강한지 직접 느껴보세요."

Q TED 강연 들어보기

아리아나 허핑턴:
'성공하려면 잠을 더 자라'
2010년

매트 워커(Matt Walker):
'수면은 당신의 초능력이다'
2019년

감정을 위한 응급조치를 해라

정신 건강을 가장 중요하게 생각하면
더 행복하고 더 만족스러워진다.

직장에서 다치면 누구나 병원에 가려고 한다. 하지만 죄책감, 상실감, 외로움과 같은 감정적 고통을 겪을 때는 왜 아무런 조처도 취하지 않는 걸까?

이 질문은 '우리가 모두 감정을 위한 응급조치를 해야 하는 이유'라는 강연에서 심리학자이자 작가인 가이 윈치(Guy Winch)가 언급한 것이다. 그는 이렇게 지적한다. "심리적 상처를 치료하는 효과가 과학적으로 입증된 방법이 있는데도, 우리는 그런 방법을 사용하지 않습니다."

일례로 우리는 자신에게 어떤 부정적인 심리적 습관이 있는지 살펴봐야 한다. "가장 흔하게 볼 수 있는 나쁜 습관은 지난 일을 곱씹어보는 것입니다. 어떤 일은 계속 머릿속에 맴돌지 모릅니다." 하지만 그런 습관이 형성되는 과정을 보면 "결국 본인이 임상적인 우울증, 알코올 중독, 섭식 장애, 심혈관 질환을 일으킬 위험을 높이는 것"이라고 한다.

윈치는 이런 문제를 정면으로 돌파하면 모든 사람이 더 행복하고 더 만족스러운 세상이 될 거라고 말한다. "우리가 원하는 세상이 바로 그런 곳이 아닐까요? 몇 가지 나쁜 습관만 찾아내서 고치더라도 우리가 모두 더 편하게 살아갈 수 있을 겁니다."

Q TED 강연 들어보기

가이 윈치:
'우리가 모두 감정을 위한
응급조치를 해야 하는 이유'
2014년

산구 델(Sangu Delle):
'정신 건강을 돌보는 것은
부끄러운 일이 아닙니다'
2017년

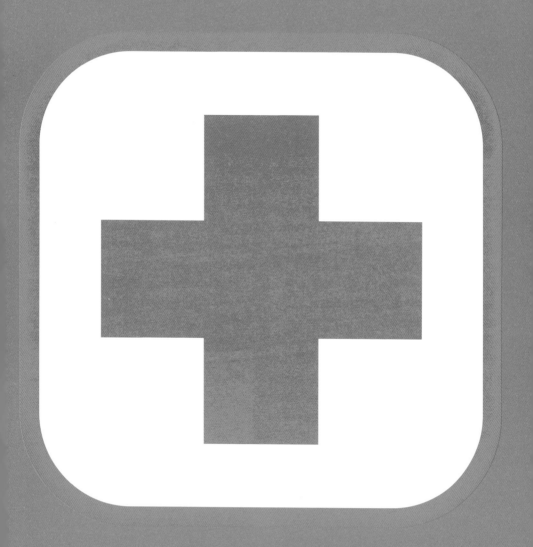

행복하면 생산성이 높아진다

생산성이 높아져야 행복해지는 것이 아니라
그 반대이다.

많은 사람은 행복해지려면 더 열심히 일 해야 한다고 생각한다. 하지만 심리학자 이자 굿씽크(Good Think Inc.)라는 컨설턴트 업체의 창립자인 숀 에이커(Shawn Achor)는 그렇지 않 다고 말한다. 오히려 행복해져야 생산성이 더 높아진 다는 것이다.

"바로 지금 누군가의 긍정성을 높여주면, 그의 두 뇌는 행복 이점(happiness advantage)이라는 것을 경험 하게 됩니다. 지능이 높아지고 창의성이 개선되며 에 너지도 더욱 넘치게 됩니다. 사실 업무 결과도 훨씬 개선되지요. '긍정'적인 두뇌는 부정적이거나 중립적 이거나 스트레스를 받은 두뇌보다 생산성이 31퍼센 트나 높습니다."

그렇다면 실제로 자신이 더 행복해지려면 어떻 게 해야 할까? '업무 효율을 높이는 행복한 비결'이라 는 강연에서 에이커는 다음과 같이 몇 가지 방법을 알 려준다. "지난 24시간 동안 경험한 긍정적인 일을 일 기로 쓰면 두뇌는 그 경험을 다시 떠올립니다. 이런 활동을 통해 행동이 중요하다는 점을 두뇌에 각인할 수 있습니다. 여러 가지 업무를 한꺼번에 하려고 하면 문화적 ADHD를 겪게 됩니다. 하지만 명상을 하면 두 뇌가 이를 극복하게 도와줄 수 있고, 더 나아가 한 번 에 한 가지 업무에만 집중하게 유도할 수 있습니다."

끝으로 에이커는 무작위로 친절한 행동으로 해 보라고 제안한다. 예를 들어 받은 메일함을 열어 볼 때마다 네트워크 지원 업무를 하는 직원에게 칭찬이 나 감사 인사를 전하는 이메일을 보낼 수 있다. 그는 이렇게 말한다. "운동으로 몸을 단련하듯이, 이런 행 동을 통해 두뇌를 훈련할 수 있습니다. 행복과 성공의 비결은 사실 정반대라는 점을 알 수 있죠. 이렇게 하 면 긍정적인 분위기가 생겨날 뿐만 아니라 실제로 혁 명적인 변화가 발생할 수 있어요."

Q TED 강연 들어보기

숀 에이커:
'업무 효율을 높이는
행복한 비결'
2011년

마이클 C. 부시(Michael C. Bush):
'이것이 바로 일터에서
직원들을 즐겁게 해줍니다'
2018년

회의를 거절해서 자유 시간을 만들어라

회의 안내 메시지에 자동으로 거절 메시지를 보내도록
해 놓으면 스트레스가 줄어든다.

창의적인 사람 중에 회의를 좋아하거나 회의가 바람직하다고 생각하는 사람은 거의 없다. 그런데 왜 그렇게 많은 회의에 끌려다니는가? 정보보안관리자인 데이비드 그래디(David Grady)는 이러한 문화를 제대로 고쳐야겠다고 느꼈다.

'쓸데없는 회의에서 이 세상(또는 적어도 나 자신)을 구하는 방법'이라는 제목의 강연에서 그래디는 이렇게 상상해 보라고 말한다. "화요일 오전에 사무실에 있는데, 회의에 참석하라는 알람 메시지가 옵니다. 저쪽 복도 자리에 있는 평소에 알고 지내는 여직원이 보낸 메시지입니다. 제목을 보니 내가 얼핏 들어본 적이 있는 프로젝트를 언급하고 있습니다."

"하지만 안건에 대한 말은 없습니다. 왜 당신이 회의에 초대받았는지 설명해 주지도 않습니다. 그런데도 참석 수락 버튼을 누르고 회의장으로 발걸음을 옮깁니다."

쓸모도 없고 아무런 목적도 없는 시간이 지나고 나면 자기 자리로 돌아와서 이렇게 생각할지 모른다. "아, 2시간이 너무 아까워. 시간을 되돌릴 수 있으면 좋겠다." 이런 일을 겪고 나면 뭔가 달라져야 하지 않을까?

그래디는 이렇게 추론한다. "직장 동료가 당신의 사무실 의자를 훔쳐 가면 당신은 그냥 보고만 있지 않

을 겁니다. 그렇다면 그들이 당신의 시간을 뺏는 데 왜 가만히 있습니까?" 그는 아무 생각 없이 회의에 끌려다니지 말고 먼저 회의가 왜 필요한지 물어보라고 말한다.

"물론 예의 바르게 물어보세요. 절대 그냥 넘어가지 마세요. 그러면 사람들이 좀 더 신중하게 행동할 겁니다. 그리고 여러분도 회의 초대를 받을 때 참석 여부를 더 신중하게 결정하세요. 상대방은 앞으로 회의에 초대할 때 안건이 무엇인지 알려줄지 모릅니다. 잘 생각해 보세요!"

Q TED 강연 들어보기

데이비드 그래디:
'쓸데없는 회의에서
이 세상(또는 적어도 나 자신)을
구하는 방법'
2013년

로라 밴더캄(Laura Vanderkam):
'자신의 자유 시간에 대한
통제력을 행사하는 방법'
2016년

1년간 일을 쉬어야 하는 이유

학생들만 1년을 쉬어야 하는 건 아니다.

↗ 자신의 창의력 근육을 강하게 단련하고 싶은가? 1년 정도 휴식을 취하는 건 어떨까? 별로 실용적인 방법이 아니라는 생각이 든다면, 세계적으로 유명한 오스트리아 출신의 디자이너 스테판 사그마이터스(Stefan Sagmeister)의 경험을 생각해 보자. 그는 뉴욕에서 스튜디오를 운영하는데 7년 주기로 12개월씩 스튜디오의 문을 닫는다.

그는 '휴식이 주는 힘'이라는 강연에서 많은 사람이 퇴직 후에 적어도 15년 이상을 보낸다고 말한다. 그러면 5년만 미리 당겨서 쉬는 건 어떨까?

사그마이터스는 1년간의 안식년에 그냥 집에서 텔레비전만 보는 것이 아니라 창의적인 실험을 한다. 발리에서 행복이라는 주제의 영화를 촬영하거나 암스테르담에서 동전 25만 개로 예술품을 만들기도 한다. 이러한 활동의 공통점은 '정상적으로 일하는 기간에는 완성하기 힘든 일'이라는 것이다.

그는 안식년마다 여행을 다니거나 평소에 시간이 없어서 못 보던 책들을 읽고 스튜디오를 개조한다. "안식년에는 절대 클라이언트의 연락을 받지 않습니다. 완벽히 폐업한 상태나 다름이 없죠."라고 그는 말한다. 그에게는 꿀맛 같은 시간이며 이 시기에 새로운 에너지를 가득 충전할 수 있다.

🔍 **TED 강연 들어보기**

스테판 사그마이터스:
'휴식이 주는 힘'
2009년

캐럴 피시맨 코헨(Carol Fishman Cohen):
'경력 단절 후에 직장에
복귀하는 방법'
2015년

"
안식년에는 절대 클라이언트의 연락을
받지 않습니다. 완벽히 폐업한 상태나
다름이 없습니다. 꿀맛 같은 시간이죠.
이때 새로운 에너지를 가득 충전할 수
있습니다. **"**

스테판 사그마이스터스

창의적인
사람으로서
성공하라

요즘 세상에서는 성공이 가장 규모가 크거나 최고가 되는
것이라고 단정 지을 수 없다. 그보다는 틈새시장을
찾아내고 좀 더 심오하고 지속 가능한 방식으로 상대방과
소통할 수 있어야 한다.

성공은 장기적인 게임이다

지속적인 에너지와 열정이 있어야 성공할 수 있다.

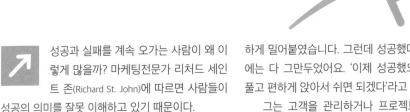

"성공했다고 생각한 후에는 다 그만두었어요. '이제 성공했으니까, 긴장을 풀고 편하게 앉아서 쉬면 되겠다'라고 생각했어요.

리처드 세인트 존

성공과 실패를 계속 오가는 사람이 왜 이렇게 많을까? 마케팅전문가 리처드 세인트 존(Richard St. John)에 따르면 사람들이 성공의 의미를 잘못 이해하고 있기 때문이다.

그는 '성공은 계속되는 여행이다'라는 강연에서 이렇게 말한다. "사람들은 성공이 일방통행로와 같다고 생각합니다. 그래서 성공으로 이어지는 모든 일을 합니다. 그러다가 성공이라는 목적지에 도착하면 어떻게 되죠? '드디어 해냈다'라고 생각하면서 자신만의 안전지대에 편안하게 자리를 잡습니다. 그러고는 그동안 해오던 모든 일을 중단합니다. 그러면 얼마 지나지 않아서 내리막길을 걷게 되죠."

세인트 존은 실제 경험을 통해 그 점을 깨달았다. "저는 성공을 향해 열심히 노력했어요. 저 자신을 강하게 밀어붙였습니다. 그런데 성공했다고 생각한 후에는 다 그만두었어요. '이제 성공했으니까, 긴장을 풀고 편하게 앉아서 쉬면 되겠다'라고 생각했어요."

그는 고객을 관리하거나 프로젝트를 진행하는 데 예전처럼 몰두하지 않았다. 돈이 쏟아져 들어왔기에 거기에 온통 정신이 팔린 상태였다. "고객과 통화를 해야 하는데, 주식거래 중개인이나 부동산 중개인과 전화하느라 바빴습니다. 그리고 관리나 행정처럼 제가 좋아하지 않는 일에 손을 뻗었죠. 제가 제일 못하는 게 바로 그런 일이거든요. 그래도 회사의 총책임자라서 그 일을 해야만 했어요."

결국 그는 더는 시도할 마음이 생기지 않았다. 초점을 잃고 헤매다 우울해졌고 결국 항우울제를 처방받아야 했다. "사업은 얼마 버티지 못하고 무너졌습

니다. 나와 동업자는 직원을 전부 내보내야 했습니다. 다시 우리 둘만 남은 거죠. 우리 둘도 그저 포기하고 싶은 심정이었습니다."

마침내 세인트존은 모든 것을 철회했다. 그런데 사업은 그 어느 때보다 승승장구했다. 그는 영예와 영광에 미냥 안주해서는 안 된다는 중요한 교훈을 얻었다. 성공은 '일회성으로 끝나는 것'이 아니라 지속해서 에너지를 쏟아 넣으며 계속 헌신해야 하는 대상이기 때문이다.

🔍 **TED 강연 들어보기**

리처드 세인트 존:
'성공은 계속되는 여행이다'
2009년

리처드 세인트 존:
'8단어와 3분에 담긴
성공 비결'
2005년

자신에게 성공이 무엇을 의미하는지 정의하라

보편적인 기준에 자신의 야망을 꿰맞추지 마라.

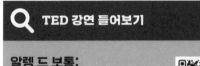

성공하면 어떤 모습이 되는지 다 안다고 생각할 것이다. 하지만 그 생각이 과연 옳은 것일까? 철학자이자 작가로 활동하는 알렝 드 보통(Alain de Botton)은 '착하고 부드러운 성공의 법칙'이라는 강연에서 우리가 생각하는 성공은 자신이 아니라 주변 사람에 의해 정해진다고 지적한다.

그는 한 가지 예를 들어 설명한다. "사람들은 금융업계에 종사하는 것이 아주 존경받는 직업이라고 말합니다. 그래서 많은 사람이 은행에 취직하고 싶어 합니다. 하지만 이 분야가 더는 존중받지 못하면 은행 취업에 관한 관심도 낮아집니다. 그리고 또 다른 추천이나 제안에 귀를 기울이게 되죠."

그는 물질적인 것도 우리가 진정으로 바라는 것이 아니라고 말한다. 물질적인 것은 남에게 우리를 대표해주는 수단일 뿐이다. "앞으로 페라리를 타는 사람을 보더라도 '저 사람은 탐욕적이네.'라고 생각하지 마세요. 오히려 '정말 상처받기 쉽고 사랑이 필요한 사람인가 봐.'라고 생각해야 합니다."

"우리는 자기 아이디어에 집중하고 그것에 대해 온전한 통제권을 가져야 합니다. 자신의 꿈과 야망은 자기가 직접 생각해 내야 합니다. 자신이 원하는 것을 이루지 못하면 속상하고 슬플 겁니다. 하지만 그보다 더 나쁜 결과가 있습니다. 자기가 열심히 추구하던 것이 알고 보니 자신이 정말 원하던 것이 아니라는 것을

깨닫는다면 절망적일 겁니다."

돈, 명예, 권위, 사회적 지위와 같은 진부한 기준으로 성공을 논하지 말고, 자기 내면 깊은 곳에서 진정으로 무엇을 바라는지 잘 생각해 보라. 예를 들면 정말 자부심을 느낄만한 예술 작품 하나를 완성하는 것이 자신의 진정한 목표일지 모른다. 돈을 받고 팔 수 있는지는 중요하지 않다. 빈센트 반 고흐도 자기 생애에는 작품을 딱 한 점밖에 팔지 못했다. 하지만 예술가로서의 그가 성공하지 못했다고 말할 사람은 아무도 없을 것이다.

TED 강연 들어보기

알렝 드 보통:
'착하고 부드러운 성공의 법칙'
2009년

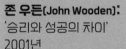

존 우든(John Wooden):
'승리와 성공의 차이'
2001년

> **우리는 자신의 아이디어에 집중하고 그것에 대해 온전한
> 통제권을 가져야 합니다. 자신의 꿈과 야망은 자기가 직접
> 생각해 내야 합니다.**
>
> 알렝 드 보통

통제감을 느끼는 방법

성공은 내면에서 시작되는 것이다.

광고업계의 대부인 로리 서더랜드(Rory Sutherland)는 성공은 관점의 문제라고 생각한다. 그는 '관점이 중요하다'라는 강연에서 예시를 들어 설명한다. 파티에서 혼자 술을 마시는 사람은 서글픈 외톨이로 보일지 모르나, 창밖을 바라보며 담배를 피우는 사람은 '멋진 철학자'처럼 보일 수도 있다. 한 마디로 프레이밍을 어떻게 하느냐가 모든 것을 좌우한다.

"우리가 가진 것은 정확히 똑같습니다. 그리고 똑같은 활동을 합니다. 하지만 그중 딱 하나가 날아갈 듯한 기분을 느끼게 해주고, 살짝 자세를 바꾸기만 해도 그것 때문에 기분이 몹시 나빠질 수 있습니다." 서더랜드는 영국의 중산층이 실업 상태를 갭이어(gap year)라고 바꿔 부른다는 점을 언급한다. "맨체스터에서는 아들이 실직 상태인 것이 정말 부끄러운 일입니다. 하지만 태국에서는 취업하지 않는 아들이 있으면 엄청난 업적을 이룬 것처럼 생각합니다."

전반적으로 볼 때, 실제 상황보다 더 중요한 것은 상황에 대한 통제감을 느끼는 것이다. 따라서 '인기 없는 아티스트'에서 '장르를 거부하는 실험적인 아티스트'로 탈바꿈하거나, '중복의 피해자'에서 '독립적인 프리랜서'로 거듭나는 등, 자신을 다시 브랜딩하는 것이 매우 중요하다.

서덜랜드는 이렇게 설명한다. "사물을 다시 브랜딩하는 것은 우리의 경험, 비용, 사물이 그것이 실제로 무엇인지가 중요한 것이 아니라 우리가 그것을 어떻게 보는가가 더 중요하다는 점을 이해하는 데서 시작합니다. 이렇게 다시 브랜딩하는 것은 아무리 강조해도 지나치지 않습니다."

'업무 효율을 높이는 행복한 비결'이라는 숀 에이커의 강연(103쪽)에서 배웠듯이, 기분이 좋아지면 생산성이 높아지는 것이지, 생산성이 높아져서 기분이 좋아지는 것은 아니다. 그렇다면 이제는 자신을 다시 브랜딩해서 인생에 대한 통제감을 더욱 강화할 시기가 아닐까?

🔍 TED 강연 들어보기

로리 서더랜드:
'관점이 중요하다'
2011년

칩 콘리(Chip Conley):
'인생을 가치 있게 만드는 것을 평가하려면'
2010년

두려움을 시각화하라

걱정을 잘 다루려면 그것을 정면으로 맞서야 한다.

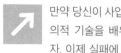 만약 당신이 사업을 시작하거나 새로운 창의적 기술을 배우기로 했다고 생각해 보자. 이제 실패에 대한 두려움은 어떻게 극복할 것인가?

기업가이자 작가로 활동하는 조나단 필즈(Jonathan Fields)는 '두려움을 연료로 바꿔라'라는 강연에서 시각화 기법이 아주 유용하다고 말한다. 그는 "만약 실패하면 어떻게 하지?"라고 자문해 보라고 권하면서, 머릿속으로 대답을 찾지 말고 "글로 쓰거나 그림을 그리거나 동영상을 만드세요. 최대한 생생하게 표현해야 합니다."라고 말한다.

그다음에는 "어떻게 원래대로 회복하면 좋을까?"라고 생각해 보라. 이것도 마찬가지로 중요한 단계입니다. 필즈는 '그 그림에도 같은 관심을 두라고' 말한다. "자신을 되찾기 위해 무엇을 할지 정확하게 계획을 세워보세요. 대다수 사람은 그렇게 하는 것만으로도 실패에 대한 두려움을 없애는 데 도움이 된다고 말합니다. 거의 모든 것이 회복 가능하다는 것을 알게 되니까요. 조금 짜증스럽거나 힘들 수도 있지만, 회복 가능하다는 점은 분명합니다."

마지막으로 필즈는 이렇게 자문해 보라고 권한다. "아무것도 안 하면 어떻게 될까요?" 그렇게 하면 그 사람의 인생에 어떤 영향이 있을까? "지금 조금 불행한가요?" 그러면 10년, 20년, 30년 동안 아무것도

하지 않으면 지금처럼 조금 불행해질 것으로 생각합니까?" 진심으로 솔직하게 대답할 수 있다면 자신의 계획을 계속 실행할지를 곧 결정할 수 있을 것이다.

두려움에 직면하는 방법에 대해 더 자세히 알고 싶다면 유도성 숙달에 대한 데이비드 켈리의 강연(23쪽)이나 아스트로 텔러의 '실패를 축하하는 방법'에 대한 강연(119쪽)을 들어보길 바란다.

 TED 강연 들어보기

조나단 필즈:
'두려움을 연료로 바꿔라'
2010년

카렌 톰슨 워커(Karen Thompson Walker):
'두려움에서 배울 수 있는 교훈'
2012년

자기가 정말 좋아하는 것을 찾아라

단지 '재미있는' 수준에서는 결코 성공할 수 없다.

성공적인 커리어의 비결은 무엇일까? 아마 여러 가지 답이 있겠지만, 모든 전문가가 공통적으로 말하는 것은 자신이 정말 좋아하는 것을 찾아야 한다는 점이다.

캐나다의 경제학 교수인 래리 스미스(Larry Smith)는 '당신이 훌륭한 경력을 갖지 못하는 이유'라는 경연에서 사람들이 흔히 붙들고 있는 여러 가지 아이러니를 언급한다. 그는 사람들이 자기가 정말 좋아하는 일을 추구하지 못할 때 얼토당토않은 핑계를 댄다고 말한다. "사실 사람들은 게을러서 못 하는 겁니다. 자신이 정말 좋아하는 것을 찾아보려 애쓰다가 찾지 못하면 자기가 바보처럼 느껴질까 봐 두려운 것일 수도 있습니다." 혹시 이런 말을 들으면 속마음을 들킨 것처럼 느껴지는가?

가장 중요한 점으로 그는 열정과 흥미는 완전히 다른 것이라고 설명한다. "열정은 자신이 가장 좋아하고 아끼는 겁니다. 열정이야말로 자기 재능을 가장 멋지게 표현하도록 도와줍니다. 그게 열정이죠. 하지만 흥미는 열정과 다르죠. 여러분은 연인에게 '나랑 결혼해줘. 넌 정말 흥미롭거든'이라고 프러포즈하실 겁니까? 그렇게 말하면 절대 결혼하지 못할 겁니다. 절대 안 되죠. 평생 혼자 살다가 죽을 겁니다."

자, 그러면 자신이 정말 좋아하는 것을 어떻게 찾을 것인가? "일단 관심이 가는 것을 20개 정도 생각해 보세요. 아마 그중 하나에 특별히 마음이 끌릴지 모릅니다. 다른 것보다 유독 눈길을 사로잡는 것이 있을 거예요. 그게 바로 당신이 정말 좋아하는 것일지 모릅니다. 한번 찾아보세요."

Q TED 강연 들어보기

래리 스미스:
'당신이 훌륭한 경력을 갖지 못하는 이유'
2011년

앤절라 리 더크워스(Angela Lee Duckworth):
'그릿: 열정과 끈기의 힘'
2013년

나이에 얽매이지 마라

나이와 관계없이 성공할 수 있다.

↗ 젊을 때 성공 가도를 향해 발을 내딛지 않으면 성공할 가능성은 영원히 사라진다. 과연 이 말이 맞을까? 헝가리계 미국인 물리학자 알버트 라즐로 바라바시(Albert-László Barabási)는 절대 그렇지 않다고 말한다. 그는 '나이와 성공 가능성의 실제 관계'라는 강연에서 수학적 분석을 통해 "젊은 시절이 가장 좋다"는 생각이 얼마나 잘못된 것인지 보여준다.

그렇다면 이런 오해는 어디서 생긴 것인가? 과학 분야에서는 알버트 아인슈타인과 같은 천재에 주목하는 경향이 있다. 그런 천재는 20~30대에 놀라운 과학적 사실을 밝혀낸다. 하지만 현실에서 이렇게 과학 발전에 크게 이바지하여 신문 기사 헤드라인을 화려하게 장식하는 사람은 극히 드물다.

바라바시는 요즘 실리콘 밸리의 기업가들도 마찬가지라고 말한다. 사람들은 페이스북 창업자인 마크 저커버그처럼 젊은 아웃라이어의 등장에 환호한다. 저커버그는 불과 24살에 억만장자가 되었다. "그래서 실리콘 밸리에도 젊음이 곧 성공이라는 생각이 팽배합니다."

하지만 누가 창업에 성공하여 끝까지 좋은 성과를 거두었는지 자료를 살펴보면 어떤 점을 알게 될까? 나이가 많을수록 성공적인 기업가가 많다는 것이 바라바시의 결론이다. "이건 너무 확실한 사실입니다. 50대라면 30대보다 성공할 확률이 2배 더 높습니다."

간단히 말해서 나이가 들수록 성공할 확률이 줄어든다는 것은 말도 안 되는 생각이다. 그런 말에 속지 말고, 꿈을 오래 추구할수록, 그 꿈을 이룰 가능성이 커진다는 점을 꼭 기억하길 바란다.

🔍 **TED 강연 들어보기**

알버트 라즐로 바라바시:
'나이와 성공 가능성의
실제 관계'
2019년

이사벨 아옌데(Isabel Allende):
'나이와 관계없이
열정적으로 사는 법'
2014년

내가 발전하는 데 도움이 되는 사람을 찾아라.

앞서나가고 싶은가? 그렇다면 후원자를 찾아야 한다.

사람들은 종종 남보다 앞서나가려면 큰 업적을 쌓아야 한다고 생각한다. 그러나 기업 임원이자 작가인 칼라 해리스(Carla Harris)는 '무엇을 알고 있느냐가 아니라 누구를 아느냐가 중요하다'고 생각한다. '직장에서 앞서나가는 데 도움이 되는 사람을 찾는 방법'이라는 강연에서 해리스는 후원자를 반드시 찾으라고 조언한다.

후원자는 직장을 구하거나 승진을 요청하거나 프로젝트 자금을 구할 때 나를 지지해 주는 사람이다. 누구나 업무 결과의 질적 수준에 따라 대우받기를 기대하지만, 현실에서는 업무관리자가 항상 그런 기준으로 의사 결정을 내리지 않는다. 그래서 내 실력이 얼마나 뛰어난지 주변 사람에게 말해줄 사람, 즉 후원자가 필요하다.

그러면 후원자를 어떻게 만들 수 있을까? 해리스는 '성과 자산(performance currency)'과 '관계 자산(relationship currency)'이라는 것을 만들어야 한다고 설명한다. 성과 자산은 '맡은 업무를 정해진 것보다 조금 더 잘해 내는 것'이라고 한다. '사람들의 기대치보다 더 잘 해낼 때마다 성과 자산이 쌓이는' 것이다.

그런가 하면 관계 자산은 '함께 일하는 사람을 알고 관계를 맺고 알아가는 데' 시간을 투자하는 것이기도 하다. 해리스는 "더 중요한 것으로, 그들에게도 당신을 파악할 기회를 주어야 합니다."라고 설명한다.

다르게 표현하면, 열심히 일하면서 주변 사람들을 알아가기 위해 노력해야 한다. 그러다가 적당한 시기가 오면 나에게 딱 맞는 사람을 찾아내어 후원자가 되어 달라고 부탁해 보라. 여기에 투자한 시간은 분명 그만한 가치가 있을 것이다.

TED 강연 들어보기

칼라 해리스:
'직장에서 앞서나가는 데 도움이 되는 사람을 찾는 방법' 2018년

로리 헌트(Lori Hunt):
'멘토링의 힘' 2013년

함께 일하는 사람을 알고 관계를 맺고 알아가는 데 시간을 투자하라. 더 중요한 것으로, 그들에게도 당신을 파악할 기회를 주어야 한다.

칼라 해리스

옳은 방향으로 가는 방법

물처럼 행동하면 진리의 길을 찾게 될 것이다.

직장에서 성공하는 가장 좋은 방법은 무엇일까? 이 문제에 관해 IT 관리자인 레이먼드 탕(Raymond Tang)은 "물은 어떻게 행동하는가?"라고 자문한다. 그는 '겸손하라-물의 철학에서 배우는 여러 가지 교훈'이라는 강연에서 물은 큰 바위와 같은 장애물을 만나면 장애물을 빙 돌아서 흘러간다고 말한다. "물은 화를 내거나 짜증 내지 않습니다. 동요하지도 않죠. 사실 어떤 느낌도 크게 드러내지 않습니다. 장애물에 직면할 때 물은 무력을 쓰거나 갈등을 일으키지 않고 어떻게든 해결책을 찾아냅니다."

마찬가지로 탕은 인생에서 다른 사람이나 주변 환경을 자극하지 않는 평온한 경로를 찾아내려고 한다. 처음에 이 방법을 적용하려고 노력했을 때를 돌아보면서 그는 이렇게 말한다. "이런 자문을 해봤습니다. '이렇게 노력하면 주변 환경과 더 평화롭게 지낼 수 있을까? 이게 나의 본성과 잘 맞는 걸까?' 나 자신과 싸우는 걸 그만두고 주변 환경과 조화롭게 협력해서 문제를 해결하는 방법을 알게 되었습니다."

탕이 일하는 회사는 해커톤(hackathon, 공모전)을 자주 여는데, 개발자들이 비교적 짧은 시간에 어떤 문제를 해결해야 한다. 일반적으로 이 대회에서 승리하는 팀은 가장 경험이 많은 팀이 아니라 '새로운 것을 배우는 데 개방적이고, 배운 것을 버리는 데에도 개방적이며 변화하는 상황을 헤쳐나가기 위해 서로 돕는 데에도 개방적인 팀'이다.

성공하려고 서로 싸우는 것이 아니라 성공하려고 서로 더 많이 협력해야 한다. 당신의 경력을 새롭게 재정비하고 싶다면 바로 이런 태도의 변화가 필요하지 않을까?

Q TED 강연 들어보기

레이먼드 탕:
'겸손하라-물의 철학에서
배우는 여러 가지 교훈'
2017년

크리스틴 포라스(Christine Porath):
'직장 동료를 존중하는 것이
비즈니스에 좋은 이유'
2018년

완벽을 추구해야 하는 이유

'이 정도면 잘했어'라는 말에 만족하지 마라.
당신은 그보다 더 잘할 수 있다.

우리는 모두 학교에서 '최선을 다하는 것'이 중요하다는 말을 많이 들으며 자랐다. 하지만 그보다 더 높은 목표를 설정하면 안 되는 걸까?

존 바워스(Jon Bowers)는 배송 기사를 대상으로 하는 교육시설을 운영한다. 그는 높은 목표를 설정해야 한다고 믿는다. 미국에서 하루에 수백 명이 자동차 사고로 목숨을 잃는다. 그래서 바워스는 완벽을 추구하는 것이 단순한 포부가 하니라 필수사항이어야 한다고 믿는다. "직업상 운전할 때는 업무를 99퍼센트 해내는 것이 누군가의 죽음을 의미할 수 있습니다."

그는 '완벽을 추구하고 실패를 두려워하지 마라'는 강연에서 우리가 모두 100퍼센트 완벽을 목표로 삼아야 한다고 강조한다. 그리고 아이러니하게 들릴지 모르지만, 완벽을 추구하는 비결은 실수를 온전히 받아들이는 것이라고 덧붙인다.

그는 이렇게 설명한다. "완벽주의를 실패를 절대 용납하지 못하는 파괴적인 특성이라고 하지 말고, 색다르게 정의해 보면 어떨까요? 완벽주의란 어려운 일을 기꺼이 하려는 의지라고 합시다. 그러면 완벽을 추구하는 과정에서 실패도 긍정적인 요소가 됩니다. 실패에 대한 두려움 없이 완벽을 추구하면 우리가 무엇을 해낼 수 있는지에만 집중할 수 있습니다."

달리 말하면, 100퍼센트 완벽을 추구하면서도 단기적인 성취도에 대해서는 현실적인 견해를 갖는 것이다. 그러면 장기적으로는 목표를 달성할 가능성이 커진다. 바워스는 우리가 모두 그렇게 한다면 "실패에 대한 두려움에서 벗어날 수 있고, '충분히 좋다'라는 수준에 만족하여 이 세상이 더는 발전하지 않는 상태가 되는 것을 막을 수 있습니다."라고 말한다.

🔍 TED 강연 들어보기

존 바워스:
'완벽을 주구하고 실패를
두려워하지 마라'
2017년

엘리자베스 길버트(Elizabeth Gilbert):
'성공과 실패, 창의적 활동을
계속하려는 의지'
2014년

목표를 알리지 마라

남에게 말하지 않으면 목표를 달성할 가능성이 높아진다.

팟캐스트를 시작하거나 창의적인 프로젝트를 새로 시작하거나 창업을 하는 등, 뭔가 흥미진진한 계획이 생기면 당연히 주변 사람에게 말하고 싶어서 입이 근질거릴 것이다. 하지만 데릭 시버스(Derek Sivers)라는 기업가는 '자신의 목표를 비밀로 하라'는 강연에서 아무 말도 하지 말라고 조언한다.

이유가 뭘까? 시버스의 말을 들어보자. "목표가 있다면, 이를 달성하기 위해 몇 가지 단계를 거쳐야 하거나 몇 가지 작업을 해야 할 겁니다. 아마 실제로 일을 끝내기 전에는 스스로 만족하지 못할 겁니다. 그런데 다른 사람에게 목표를 말해줄 때, 상대방이 그 목표를 인정해 주면, 우리는 심리학자들이 말하는 '사회현실(social reality)'이라는 것을 느낍니다. 한마디로 우리의 마음은 이미 그 목표가 실현된 것처럼 착각하는 겁니다. 그렇게 만족감을 맛보았기 때문에 가장 힘든 부분을 실행에 옮길 동기가 약해집니다."

이상한 이론처럼 들릴지 모르지만 1920년대부터 21세기까지 거의 100년 이상 심리학자들이 실험을 통해 입증한 것이다. 자신의 야망을 입 밖으로 꺼낸 사람은 그 야망을 실현할 가능성이 작다고 한다.

그러면 어떻게 하는 것이 좋을까? 시버스는 이렇게 제안한다. "자기 목표를 여러 사람에게 알리고 싶은 마음이 들어도 꾹 참으세요. 사람들에게 인정받을 때 만족감을 느낄 수 있지만 조금 참는 편이 낫습니다. 사람들에게 좋은 목표라고 인정받을 때, 그 목표를 실제로 이룩한 것처럼 착각할 수 있으니까요."

그래도 참기 어려우면 어떻게 할까? 그렇다면 자신의 계획을 밝히되, 내적 만족감이 생기지 않는 방법을 찾아야 한다. 예를 들어, 마라톤 완주를 목표로 정했다면 이렇게 말할 수 있다. "매주 5일간 훈련해야해. 내가 훈련을 안 하면 나를 좀 혼내줄래?"

그렇지만 시버스의 요점은 아주 분명하다. 창의적인 꿈을 향해 노력하되 사람들에게 굳이 알리지 않는 편이 낫다. 알리지 않으려고 애쓰는 것이 힘들다면 목표를 하루빨리 달성하려고 노력하길 바란다!

Q TED 강연 들어보기

데릭 시버스:
'자신의 목표를
비밀로 하라'
2010년

팀 페리스(Tim Ferriss):
'목표가 아니라 두려움을
정의해야 하는 이유'
2017년

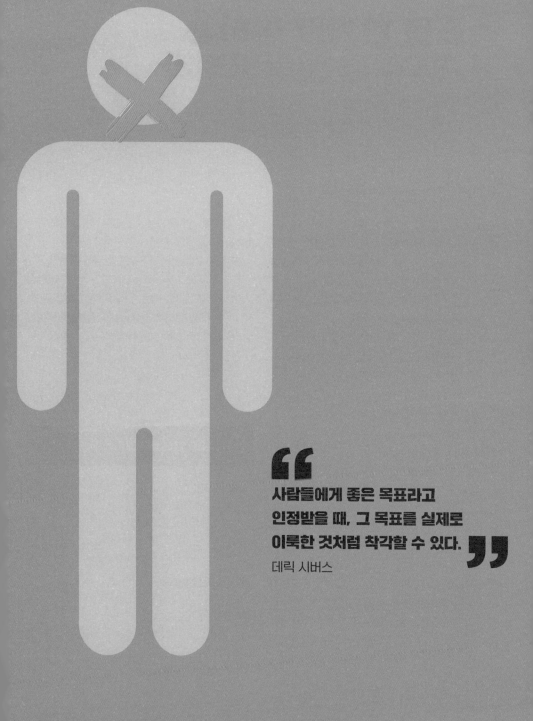

"

사람들에게 좋은 목표라고
인정받을 때, 그 목표를 실제로
이룩한 것처럼 착각할 수 있다.

데릭 시버스

"

스스로 한계를 정하는 사고방식을 벗어버려라

자신의 마음이 걸림돌로 작용하는가?
그러면 마음을 다시 프로그래밍하라.

여성기업가협회(Female Entrepreneur Association)의 창립자이자 작가로 활동하는 캐리 그린(Carrie Green)은 우리가 경력을 쌓는 데 가장 큰 걸림돌은 다름 아닌 우리의 마음이라고 생각한다. '성공을 향해 마음을 프로그래밍하라'는 강연에서 그는 다음과 같이 주장한다. "사람들은 머릿속에 펼쳐지는 생각 때문에 매우 좋은 기회를 놓치고 맙니다. 훌륭한 아이디어와 엄청난 잠재력이 그 사람의 내면에 갇혀 있지만, 그걸로 아무것도 하지 않습니다."

그린은 휴대 전화 잠금 해제 사업을 하려고 대학을 그만두었다. "저는 점점 부정적으로 되었어요. 나는 뭘 해도 안 된다는 생각이 들었습니다. 예전에는 밝고 긍정적이고 잘 나가던 사람이었는데, 그런 내 모습을 더는 찾아볼 수 없었습니다. 더할 나위 없이 부정적이고 자멸적인 생각으로 머릿속이 가득 차 있었습니다. 어떤 아이디어가 떠올라도 머릿속에서 산산이 부서뜨리고 안될 거라고 결론 내렸습니다."

그러다가 '성공을 향해 자신의 마음을 프로그래밍'해야 한다는 점을 깨달았다. 다시 말해서 자기만의 세계에서 벗어나서 자기 생각을 객관적으로 보고, 적절히 통제해야 했다. 머릿속의 부정적인 생각에 이리저리 끌려다니는 것을 그만두었다. 그린은 "부정적이고 쓸모없고 자신을 괴롭히는 생각이 떠오르면 즉시 이를 차단했으며 새 힘을 주는 긍정적인 생각으로 머릿속을 채우려고 노력했습니다."라고 말한다.

그렇게 하는 것이 쉬운 일은 아니다. 하지만 그린은 결국 해냈고, 누구나 그린처럼 할 수 있다. 사실, 긍정적인 생각으로 이겨내는 것 말고 다른 해결책이 없지 않은가? 그린은 이렇게 말한다. "인생은 한 번뿐이잖아요. 해 보고 싶은 일은 다 해봐야죠. 그렇게 하려면 행동이 달라져야 합니다."

Q TED 강연 들어보기

캐리 그린:
'성공을 향해 마음을 프로그래밍하라'
2014년

앨리슨 레저우드:
'부정적인 면에 갇히는 것
[그리고 갇히지 않는 방법]'
2013년

> **부정적이고 쓸모없고 자신을
> 괴롭히는 생각이 떠오르면
> 즉시 이를 차단했습니다.**
>
> 캐리 그린

크라우드소싱을 성공의 발판으로 삼아라

타인의 집단 지성을 활용하라.

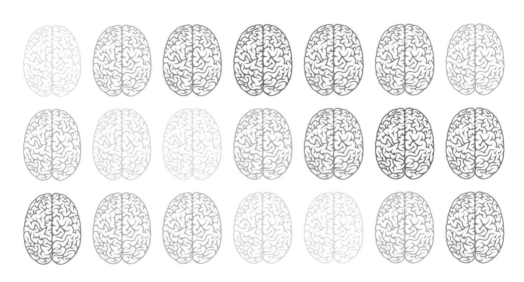

21세기에는 혼자 힘으로 성공하기 어렵다. 그런데 온라인 크라우드소싱을 하면 자신에게 도움이 될 사람을 많이 찾을 수 있다. 마이크로소프트 부대표를 지냈으며 강연 전문가로 활동하는 리오르 조레프(Lior Zoref)는 이를 직접 실천했다. 또한 '생각 공유, 최고의 의사 결정을 위한 크라우드소싱의 힘'이라는 강연에서 자신처럼 이 방법으로 유익을 얻은 다른 사람의 경험도 소개한다.

일례로 카이 버스먼(Kai Busman)이라는 목회자는 크라우드소싱에서 찾은 아이디어에 따라 주일 설교를 준비한다. 프랜신은 매일같이 아들을 키우는 데 필요한 조언을 크라우드소싱에서 얻는데, 초능력을 가진 보모에게 도움을 받는 기분이라고 한다. 데보라는

아들이 열과 발진을 겪자 사진을 찍어서 페이스북에 올렸다. 그러자 1시간도 되지 않아서 세 사람이 가와사키병에 걸린 것 같다고 조언해주었고, 덕분에 아들의 목숨을 구할 수 있었다.

조레프는 크라우드소싱을 잘하려면 몇 가지 조건이 있다고 말한다. "먼저, 크라우드의 규모가 커야 합니다. 얼마나 크면 좋을까요? 그건 상황에 따라 다릅니다. 예를 들어 페이스북 친구가 300명 정도이고 그들이 모두 열심히 활동한다면 도움이 되겠죠. 하지만 친구가 3,000명이라도 별로 활동하지 않는다면 의미 없을 겁니다."

또한, 그는 청중과 건전한 디지털 인간관계를 맺어야 한다고 설명한다. "예를 들어 여러분이 계속 질

❝ 페이스북 친구가 300명 정도이고 그들이 모두 열심히 활동한다면 도움이 되겠죠. 하지만 친구가 3,000명이라도 별로 활동하지 않는다면 의미 없을 겁니다. **❞**

리오 조레프

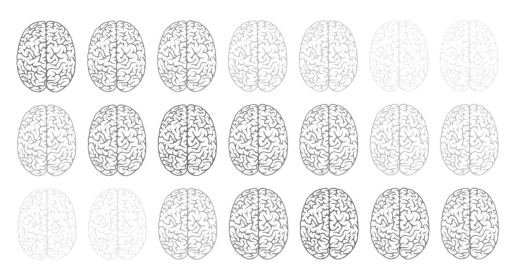

문만 한다면 아무도 여러분과 친구가 되려고 하지 않을 겁니다. 유용한 정보를 알려주고, 잘 들어주고, 공감해주고, 상대방의 의견에 대한 고마움을 표현해야 합니다."

크라우드소싱을 해 보면 알겠지만, 여기에는 한계가 없다. 이 기술을 더 잘 활용하고 싶다면 루이스 폰 안의 '대규모 온라인 협업'이라는 강연(100쪽 참조)을 들어보길 바란다.

🔍 TED 강연 들어보기

리오 조레프:
'생각 공유, 최고의 의사 결정을 위한 크라우드소싱의 힘'
2016년

아론 코블린(Aaron Koblin):
'인간성의 예술적 시각화'
2011년

활력을 충전하여
매일 연습하고
실천하라

자신의 창작 분야에서 성공하는 것과 그 성공을 지속하는
것은 전혀 별개의 문제이다. 8장에서는 창의적인
에너지를 유지하면서 기술을 계속 발전시키는 여러 가지
전략에 대해 알아보자.

초안이 반드시 걸작이어야 할 필요는 없다

아무 리 재능이 많은 사람이라도, 처음 시도한 결과는 대개 허접하기 마련이다.

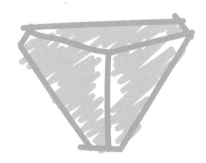

첫 시도에서 크게 실패하면 지나치게 자책하는가? 그렇게 하지 않아도 된다. 이 세상에서 가장 성공적인 창작자도 자주 실패를 겪기 때문이다.

소설가인 앤 라모트(Anne Lamott)는 '인생과 글쓰기에서 배운 12가지 진리'라는 강연에서 자신도 그런 사람 중 하나라고 말한다. 하지만 중요한 것은 첫 번째 초안이 얼마나 훌륭한가가 아니라 포기하지 않고 계속 노력하느냐이다.

"여러분이 아는 모든 작가가 아주 허접한 초안을 만들어냅니다. 그래도 작가는 의자에서 일어나지 않고 계속 글을 씁니다. 그게 바로 일반인과 작가의 차이입니다. 그들은 계속 노력합니다. 그러다 보면 어느 날 아주 천천히 이야기가 술술 풀리는 것을 느끼게 됩니다."

따라서 중요한 것은 일단 시작한 다음에 계속 밀고 나가는 것이다. 라모트는 어린 시절에 자신의 오빠가 겪은 일을 소개한다. 그녀의 오빠는 새에 관한 보고서를 내야 하는데 제출 기한이 코앞에 닥칠 때까지 보고서를 시작하지도 상태였다.

"아버지는 오빠에게 오듀본 조류도감과 노트, 연필을 가져오라고 하셨죠. 같이 앉아서 오빠에게 이렇게 말했어요. '애야, 새를 한 마리 한 마리 차근차근 살펴보렴. 펠리컨에 관한 내용을 읽고 나서 네 말로 펠리컨을 묘사하는 글을 써 봐. 그다음에 박새, 그다음에 거위에 대해 읽고 네 말로 간단히 글을 써 보렴'이

> **모든 작가가 아주 허접한 초안을 만들어냅니다. 그래도 작가는 의자에서 일어나지 않고 계속 글을 씁니다.**
> 앤 라모트

라고 말이죠."

　다루기 어려운 큰 문제는 여러 개의 작은 덩어리로 나누면 더 손쉽게 접근할 수 있다. 예를 들어 그림을 그리는 것이 너무 부담스러우면 일단 스케치만 해보길 바란다. 노래를 한 곡 쓰려는 데 잘되지 않으면 일단 리프(riff, 반복되는 짧은 악절)만 만들어도 된다. 아주 훌륭한 결과물이 아니어도 너무 걱정할 필요는 없다. 계속 수정하면서 노력하다 보면 한층 나아진 결과물을 얻게 될 것이다.

🔍 **TED 강연 들어보기**

앤 라모트:
'인생과 글쓰기에서 배운 12가지 진리'
2017년

팀 어번(Tim Urban):
'일을 미루는 사람의 마음속에는'
2016년

그림을 못 그린다는 생각을 버려라

어떤 분야에 종사하든 간에 그림은
매우 유용한 도구이다.

어떤 분야에서 창작자로 활동하든 그림을 그릴 줄 알면 상당히 도움이 된다. 웹디자이너나 광고 임원인 경우, 의뢰인에게 광고 아이디어를 간단히 스케치하여 보여주면 빠르게 승인받을 수 있다. 영화감독이나 TV 프로그램 제작자인 경우에도 스토리보드를 사용하여 프로그램에 관한 비전을 팀원과 공유할 수 있다. 이런 식으로 다른 분야에서도 그림을 십분 활용할 수 있다.

하지만 안타깝게도 많은 사람이 자신은 그림을 못 그린다고 생각하여 아예 그림을 시도조차 하지 않는다. 하지만 의사소통 전문가인 그레이엄 쇼(Graham Shaw)는 이런 태도가 큰 문제라고 말한다. '사람들이 자기가 그림을 못 그린다고 생각하는 이유'라는 강연에서 몇 가지 간단한 요령만 배우면 누구나 그림을 그릴 수 있다고 말한다. 그리고 자신의 태도에 중대한 변화가 필요하다는 점도 받아들여야 한다.

쇼의 말에 따르면 어린아이는 누구나 그림을 그릴 수 있다고 생각한다. 하지만 어떤 이유 때문인지 15~16세쯤 되면 그런 생각이 거의 사라진다. 하지만 조금만 연습하면 누구나 그림 실력에 대한 자신감을 되찾을 수 있고, 전반적인 자존감이 높아지는 긍정적인 효과도 있다.

쇼은 '나는 그림을 못 그려'라는 생각이 틀렸다면 다른 생각도 틀릴지 모른다고 추론한다. "우리는 모두 얼마나 많은 다양한 신념과 제한적인 생각을 매일 품고 살아갑니까? 아마 지금 우리의 생각 중 상당 부분은 버리거나 바꾸어야 할 필요가 있을지 모릅니다. 만약 과감하게 이런 변화를 해냈다면 또 다른 것도 얼마든지 가능하지 않을까요?"

Q TED 강연 들어보기

그레이엄 쇼:
'사람들이 자기가 그림을
못 그린다고 생각하는 이유'
2015년

그레이엄 쇼:
'그림을 통해 더 많이
기억하는 방법'
2016년

스토리텔링의 요령

전략적으로 창의적인 이야기를 구상하라.

어떤 분야에 종사하든 관계없이, 모든 창의적인 작업은 결국 스토리텔링으로 귀결된다. 따라서 픽사의 영화감독 앤드류 스탠튼(Andrew Stanton)은 조언을 구하기에 더할 나위 없이 좋은 사람이다.

스탠튼은 '위대한 이야기에 대한 단서'라는 강연에서 이야기에 모든 세부점을 담을 수 없다고 말한다. 관객이 직접 할 일을 남겨놓으려면 몇 가지 세부점은 일부러 숨기거나 빠트려야 한다.

그는 이렇게 설명한다. "우리는 타고난 문제해결사와 같습니다. 사람들이 어린 아기나 강아지를 보면 마음이 열리는 데에는 그만한 이유가 있습니다. 아기나 강아지는 자기 생각이나 의도를 완벽하게 표현할 수 없죠. 그리고 이런 건 자석 같은 끌어당기는 힘이 있습니다. 어떤 문장의 빈칸을 보면 그걸 채워서 문장을 완성하고 싶은 욕구가 너무 강해집니다." 그래서 좋은 이야기는 사람들에게 다양한 정보를 제공하여 그들이 직접 퍼즐처럼 이야기를 맞춰나가게 유도하는 것이다.

또한 이야기의 등장인물에도 그들이 추구하는 목표를 정해 주어야 한다. "월-E는 아름다움을 찾아다닙니다. '니모를 찾아서'에 나오는 아버지 말린은 문제나 피해를 막으려고 애쓰죠. 그리고 우디는 자기 아이를 위해 최선을 다하려고 노력합니다." 그리고 극작가 윌리엄 아처(William Archer)는 '불확실성이 뒤섞인 기대'라는 표현을 사용했다. 스탠튼은 이렇게 설명한다. "단기적으로 내가 다음에 무슨 일이 일어날지 궁금하게 만드셨나요? 하지만 더 중요한 것은, 이 모든 일이 장기적으로 어떻게 끝날지에 관해 내가 궁금하게 만드는 것이죠."

이러한 원칙은 광고, 웹사이트 소개, SNS 게시물 등 모든 종류의 스토리텔링에 적용된다. 초안을 작성할 때 이러한 원칙을 잘 사용한다면, 당신의 글은 많은 사람의 눈길을 더욱더 강하게 끌어당길 것이다.

TED 강연 들어보기

앤드류 스탠튼:
'위대한 이야기에 대한 단서'
2012년

J. J. 아브람(J. J. Abrams):
'미스터리 상자'
2007년

우리는 모두 얼마나
많은 다양한 신념과
제한적인 생각을 매일
품고 살아가는가?

그레이엄 쇼

자기 일을 훌륭하게 해내는 방법

연습은 완벽을 낳는다고 하지만 어떻게 해야
시작 단계를 넘어갈 수 있을까?

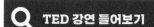

연습이 완벽을 낳는다는 말은 누구나 알 것이다. 하지만 어떤 기술을 절대 숙달하지 못할 것 같은 느낌을 떨쳐버리려면 어떻게 해야 할까?

태양의 서커스에서 곡예사로 활동하는 아비 프린츠-나드워니(Avi Pryntz-Nadworny)도 바로 그런 고민을 안고 있었다. '연습의 기쁨-서커스 공연자의 조언'이라는 강연에서 그는 이렇게 솔직하게 말한다. "우리는 모두 정신을 집중하여 꾸준히 연습하면 놀라운 결과를 거둘 수 있다는 것을 알지만 때로는 그것이 너무 멀게만 느껴집니다. 뭔가를 연습하거나 훈련할 때, 처음부터 다시 시작하는 것 같은 느낌이 들 때가 많습니다."

어떻게 하면 모든 게 다 부질없다는 느낌을 극복할 수 있을까? 프린츠-나드워니는 처음에는 너무 부담스러웠지만, 이제는 제2의 천성이라고 할 정도로 몸에 밴 기술에 대해 다시 생각해 보라고 제안한다. 이를테면 자전거 타기, 운전, 타자를 들 수 있다.

"지금까지 살아오면서 이미 많은 업적을 이루었다는 점을 꼭 기억하기를 바랍니다."라고 그는 힘주어 말한다. "키보드를 일일이 확인하지 않고도 이메일 한 통을 금방 완성할 수 있다는 것이 얼마나 놀라운 일인지 생각해 보세요. 오늘 이 자리에 오실 때 다들 직접 운전하셨을 겁니다. 안전하게 여기까지 오는

동안 차량의 여러 부분을 조작하느라 복잡한 기술을 사용했지만 사실 모든 동작이 자연스럽게 이어졌을 겁니다. 사실 이렇게 우리가 매일 당연하게 하는 행동을 가만히 들여다보면 사실은 매우 놀라운 일이라고 할 수 있습니다."

그런 식으로 생각하다 보면 서커스장에서 휠을 타고 돌아다니거나 공으로 저글링을 하거나 그 밖의 다른 창의적인 기술을 배우는 것도 결국 불가능하지 않다는 것을 깨닫게 된다.

🔍 TED 강연 들어보기

아비 프린츠-나드워니:
'연습의 기쁨-서커스
공연자의 조언'
2018년

애니 보슬러(Annie Bosler), 돈 그린(Don Greene):
'거의 모든 것에 적용되는
효과적인 연습 방법'
2017년

역경을 장점으로 만들어라

새로운 도전에 정면으로 맞서면 창의성도 높아진다.

라디오쇼를 진행하는 줄리 번스타인(Julie Burstein)은 창작자를 인터뷰하는 것이 본업이다. '창의성에 관한 네 가지 교훈'이라는 강연에서 번스타인은 음악가, 영화제작자, 소설가 등 누구와 이야기를 나누더라도 같은 주제가 등장한다고 말한다.

번스타인은 한 가지 사례를 소개한다. "예술가는 종종 자신이 해낼 수 있는 한계를 넓히거나 도저히 못할 것 같은 일에 도전하면 자신의 목소리를 찾는 데 도움이 된다고 말합니다." 그리고 난독증이 있는데도 퓰리처상을 받은 소설가 리처드 포드(Richard Ford)의 사례를 언급한다.

소설가에게 난독증은 정말 부정적인 약점이라고 생각할지 모른다. 그렇지만 포드의 생각은 다르다. "난독증은 저에게 여러모로 도움이 됩니다. 내가 모든 일을 아주 천천히 할 수밖에 없다는 점을 결국 인정하고 나니 언어의 인지적 측면과 아울러 언어와 문장의 모든 특성을 이해하기 위해 아주 천천히 접근할 수 있었습니다. 당김음, 단어의 소리, 단어의 모양, 문단이 나뉘는 부분, 줄이 바뀌는 부분 같은 것 말입니다."

누구나 크고 작은 일을 처리하면서 어려움을 직면한다. 이때 중요한 것은 어려움에 대처하는 방식이다. 자기 방식대로 일이 풀리지 않는다고 해서 스트레스를 받거나 좌절감을 느끼는가? 아니면 포드처럼 부정적인 것을 긍정적인 것으로 바꾸면서 그 과정에서 창의적인 자신만의 진정한 목소리를 찾는 편인가?

Q TED 강연 들어보기

줄리 번스타인:
'창의성에 관한 네 가지 교훈'
2012년

캐롤라인 케이시(Caroline Casey):
'한계의 너머를 보는 것'
2011년

유산을 활용하라

자신의 배경에서 훌륭한 영감을 얻을 수 있다.

'이상한가 아니면 그냥 다른 것인가?'라는 데릭 시버스의 강연(39쪽)에서 배웠듯이, 다른 문화에 대해 배우면 유익한 점이 많다. 하지만 자신의 개인적인 배경과 가족의 계보에서 훨씬 더 많은 영감을 얻을 수도 있다. 영화제작자이자 음악가인 카일라 브리에트(Kayla Briët)는 남부 캘리포니아에서 자랐는데, 그 점을 십분 활용하고 있다. 브리에트는 독일-인도네시아, 중국, 아메리카 원주민의 유산에 관한 이야기를 바탕으로 창작 활동을 한다.

'내가 예술을 하는 이유? 나의 유산을 위한 타임캡슐을 만들려고'라는 강연에서 브리에트는 타임캡슐에 특히 관심이 많다고 말한다. "타임캡슐의 형태는 다양합니다. 그런데 공통점은 이것이 기억으로 이어지는 관문이며 이야기를 생생하게 유지하는 힘이 있기에 인간이 통제할 수 없을 정도로 아주 매력적이라는 것이죠. 저는 영화제작자이자 작곡가로서 제 목소리를 찾고 나의 유산과 과거에 관한 이야기를 되찾고 이를 음악과 영화라는 타임캡슐에 담아서 공유하려 합니다. 그게 바로 나만의 여정입니다."

브리에트는 이렇게 하지 않으면 언젠가는 다양한 문화가 사람들에게 잊힐지 모른다는 두려움을 느낀다. "우리의 이야기가 다시 쓰이거나 무시당하면 그건 굉장히 위험할 수 있습니다. 우리의 정체성이 거부당할 때 우리는 투명 인간처럼 되어 버리니까요."

모든 사람의 가계도는 선형도일 수도 있고 브리에트의 가족처럼 여러 계통이 혼합된 것일 수도 있다. 45쪽에서 배웠듯이 스팅은 우리가 어린 시절을 보낸 동네에서 좋은 영감을 얻을 수 있다고 말한다. 그처럼 모든 가계도는 우리가 어린 시절을 보낸 동네처럼 일련의 흥미진진한 이야기를 제공할 수 있다. 새로 창의적인 프로젝트를 시작할 때 자신의 가계도를 들여다보면서 영감을 얻기를 바란다.

🔍 TED 강연 들어보기

카일라 브리에트:
'내가 예술을 하는 이유?
나의 유산을 위한
타임캡슐을 만들려고'
2017년

아멜리아 레이섬(Amelia Laytham):
'춤을 통해 유산을
재발견하다'
2016년

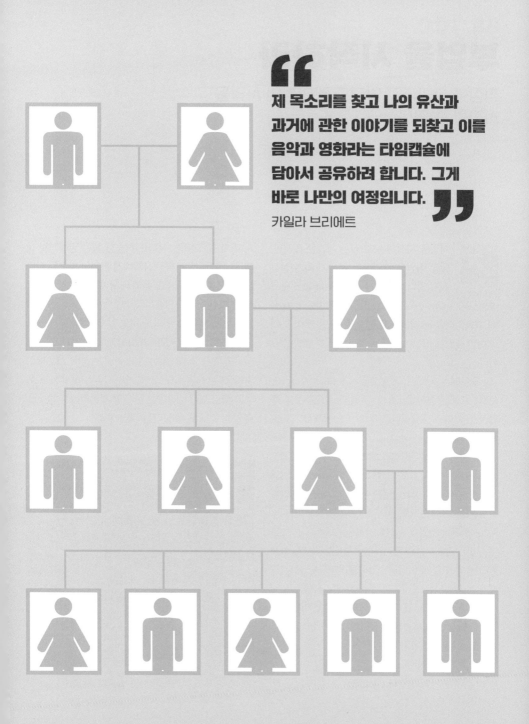

"
제 목소리를 찾고 나의 유산과
과거에 관한 이야기를 되찾고 이를
음악과 영화라는 타임캡슐에
담아서 공유하려 합니다. 그게
바로 나만의 여정입니다. "

카일라 브리에트

부업을 시작하라

직장을 그만두지 않고도 창의적인 사업을
시작할 수 있다.

사업을 시작해 보고 싶은 사람은 많지만, 당장 직업을 그만두는 것은 그리 현실적이지 않다. 하지만 니카일라 매튜스 오코메(Nicaila Matthews Okome)는 '이것은 사이드 허슬(부업) 혁명이다'라는 강연에서 전혀 문제 될 것이 없다고 하면서 남는 시간에 사업을 하나 시작해 보라고 권한다.

오코메는 '사이드 허슬 프로(Side Hustle Pro)'라는 팟캐스트를 운영한다. 그녀는 사이드 프로젝트를 부업 또는 사이드 허슬이라고 부르는데, 실제로 사이드 허슬을 시행에 옮긴 여성 100명 이상을 인터뷰했다. 2명을 예로 들자면 "나일라 앨리스-브라운은 트렁크를 사용해서 엘리스 아일랜드 티(Ellis Island Tea)라는 사업을 시작했고, 아르샤 존스는 제품 하나와 페이팔 링크만으로 캐피털시티 맘보소스(Capital City Co Mambo Sauce)라는 사업을 시작하여 명성을 얻었다." 오코메는 아주 잘 나가는 사업도 처음에는 종종 작게 시작한다는 것을 알게 되었다. "코카콜라나 구글에 비견할 만한 기업으로 성장하는 것을 목표로 삼을 필요는 없습니다. 물론 대기업이 되면 좋죠. 그렇지만 특정 고객을 대상으로 사업을 시작하여 성공하는 것도 나름대로 보람이 있습니다."

그리고 수익이 그리 많지 않더라도 사이드 허슬은 해볼 만한 가치가 있다. 오코메는 "자신에 대한 투자"라고 강조한다. "사이드 허슬을 하는 밀레니얼 세대 중 41퍼센트는 직장 상사에게 자신이 부업을 한다고 알립니다. 상사가 그 점에 대해 부정적으로 생각할까 봐 미리 겁내지 않습니다. 부업을 하면서 성장하고 많은 점을 배울 수 있다는 것을 잘 아니까요."

간단히 말해서 모두가 그렇게 하고 있다. 그러니 당신도 그렇게 해 보는 것이 어떻겠는가? 오코메의 말처럼 "부업은 하나의 희망을 품는 것입니다. 그 희망은 바로 직장 생활을 어떻게 할 것인가에 대해 스스로 결정을 내릴 수 있다는 것입니다."

🔍 TED 강연 들어보기

니카일라 매튜스 오코메:
'이것은 사이드 허슬 혁명이다'
2019년

리즈 나바로(Liz Navarro):
'밀레니얼 세대의 여성들이
사이드 허슬을 지배하고 있다'
2017년

유머를 사용하면
더 창의적이게 된다

즐거움이 성공의 비결이 될 수 있다.

PBS나 BBC에서 예술을 주제로 한 고상한 토론 프로그램을 보면, 회화, 조각, 글쓰기, 클래식 음악과 같은 분야는 사람들이 눈살을 찌푸릴 정도로 분위기가 지나치게 진지하다는 생각이 들지 모른다.

시어 헴브리의 '내가 100명의 예술가가 된 비결(48쪽)'이라는 강연에서 이미 배운 것처럼, 예술 분야에는 창의적인 패러디의 전통이 매우 깊다. 뉴질랜드 출신의 코미디언이자 디렉터이며 오스카상 후보인 타이카 와이티티(Taika Waititi)는 일에 재미를 더하는 것이 매우 중요하다고 말한다.

'창의성의 예술'이라는 그의 강연은 사람들에게 큰 웃음을 선사한다. 그 강연에서 와이티티는 회화와 시각 예술에 대한 자신의 배경부터 영화 제작, 일러스트 작업, 심지어 초반에 에니메이션을 시도한 것에 이르기까지 자신의 창작 경력을 간략하게 소개한다.

그는 "모든 것을 다 시도해 보고 싶었습니다."라고 힘주어 말했다. "주변을 돌아보면 사람들은 '한 가지 직업을 갖고 그 일을 계속해야 한다'고 말합니다. 글쎄요, 저는 동의하지 않습니다. 요즘 시대에는 사람들이 다양한 것을 표현하고 싶어 하고, 그렇게 할 수 있는 도구도 다양하다고 생각합니다. 영화 제작, 그림, 연기, 시와 같이 모든 것이 표현의 도구가 됩니다."

가장 중요한 것으로, 그는 자신에 대한 유머 감각을 유지해야 한다고 말한다. "내가 노력해서 재미가 생길 수 있다면, 그게 바로 나에게는 창작의 성공이라고 말할 수 있습니다. 아이들의 눈으로 인생을 바라보면서 즐거움을 찾는 것이죠." 우리도 와이티티를 따라 해 보면 좋지 않을까?

🔍 **TED 강연 들어보기**

타이카 와이티티:
'창의성의 예술'
2010년

제 프랭크(Ze Frank):
'너드코어 코미디'
2004년

속도를 늦추면 느림의 이점을 느낄 수 있다

차분한 속도로 일할 때 업무의 창의성이 높아진다.

↗ 이 세상은 갈수록 빨라지고 있다. 이런 변화가 우리의 창의성, 생산성, 행복에 부정적인 영향을 준다는 것은 부인할 수 없는 사실이다.

작가인 칼 오노레(Carl Honoré)는 '느린 것이 아름답다'라는 강연에서 "예전에는 다이얼을 돌려서 전화를 걸었는데, 이제는 단축번호로 전화를 겁니다."라고 말한다. "예전에는 책을 읽었는데 지금은 속독을 합니다. 예전에 걸어 다녔는데 이제는 빠른 걸음으로 다녀야 합니다." 그런데 이렇게 빠른 속도로 생활하면 병이 생기거나 탈진을 겪거나 인간관계가 무너질 수 있다. 어떻게 하면 속도를 늦추고 인생을 다시 즐길 수 있을까?

오노레는 일상생활에서 현실적인 변화를 해야 한다고 생각한다. 이를테면 "시간을 내어 텔레비전을 끄고 가족과 같이 식사하거나 직장에서 일할 때 하나의 문제를 여러 각도에서 분석한 후에 최상의 결정을 내리면 어떨까요?. 그저 모든 일에서 속도를 늦추고 인생을 음미하려고 노력하는 것도 필요합니다."

오노레는 자신도 '일을 급하게 처리하는' 사람이었다고 인정한다. "그런데 태도를 바꾸고 나니 예전보다 훨씬 행복하고 건강해졌으며 업무 생산성도 높아졌습니다. 예전에는 경쟁하듯 정신없이 달렸지만, 이제는 인생을 제대로 살고 있다는 느낌이 듭니다."

레오나르도 다빈치는 모나리자를 완성하는 데 여러 해가 걸렸다. 하지만 아무도 그만큼 기다릴 가치가 없다고 말하지 않을 것이다. 의도적으로 속도를 늦추고자 노력하면 어떤 성과를 거둘 수 있을까? 일단 속도를 늦추는 데 익숙해지면 고요함과 마음 챙김을 탐구해 보길 바란다. 피코 아이어의 '고요함의 기술'이라는 강연(86쪽)이나 앤디 퍼디컴(Andy Puddicombe)의 '마음 챙김 10분이면 된다'라는 강연(88쪽)도 들어보길 바란다.

🔍 **TED 강연 들어보기**

칼 오노레:
'느린 것이 아름답다'
2005년

마티유 리카르(Matthieu Ricard):
'행복의 습관'
2004년

> **이제는 인생을 제대로 살고
> 있다는 느낌이 듭니다.**
>
> 칼 오노레

효과적으로 도움을 요청하라

혼자 해내려고 아등바등할 필요가 없다.

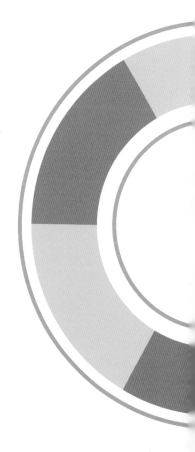

멘토나 동업자를 찾는 중이거나 업무에 대한 건설적인 피드백을 받고 싶다면, 다른 사람에게 도와달라고 하는 것이 낫다. 어떻게 하면 효과적으로 도움을 청할 수 있을까? 사회심리학자 하이디 그랜트(Heidi Grant)는 '도움을 요청하여 승낙을 얻어내는 방법'이라는 강연에서 몇 가지 중요한 점을 알려준다.

첫째, 자신이 어떤 도움을 바라며 그 이유가 무엇인지 구체적으로 설명한다. 사람들은 도움을 주려다가 오히려 실수하거나 폐를 끼칠까 봐 두려워한다. 그래서 상대방에게 정말 도움이 필요하다는 확신이 없으면 도와주려고 적극적으로 나서지 않는다. 그랜트는 전혀 모르는 사람이 링크드인을 통해 자신에게 도움을 요청한다고 말한다. '함께 커피를 마시며 서로 알아가는 시간'을 갖고 싶다거나 '아는 것이 많은 사람에게 정보를 요청'하는 것이다. 하지만 그랜트는 이런 요청을 거의 다 무시한다. "상대방이 나에게 정확히 뭘 바라는지 알 수 없으면, 관심이 생기지 않습니다. 내가 어떤 방식으로 도와줄지 제대로 말하지 않았으니까요. 다른 사람들도 저와 같은 생각일 겁니다."

둘째, 도와주면 사례를 하겠다는 말은 절대 하지 마라. 그런 제안을 하면 인간관계가 소원해질 우려가 있다. "우리는 서로를 도우면서 상대방에 관한 관심과 애정을 표현합니다."라고 그랜트는 말한다. 그런데 도움을 주고받을 때 대가를 언급하면 그 인간관계의 친밀감이 줄어들고 양측은 거래 당사자로 전락할 수 있습니다. "아이러니하게도 대가를 주겠다고 하면 도와주려는 마음이 없어질 수 있습니다."

셋째, "이메일이나 문자 메시지로 도움을 요청하

지 마세요."라고 그랜트는 말한다. "직접 만나서 도와
달라고 부탁하면 승낙을 얻어낼 확률이 30배나 높습
니다." 마지막으로 도움을 요청하거나 받은 후에 인
사를 잊으시는 건 된다. 그랜트는 이 섬이 특히 중요
하다고 생각하는데 "도움을 베푸는 사람은 자신이 도
움을 주었다는 사실을 확인할 때, 다시 말해서 자신이
유용한 존재라는 것을 느낄 때 보람을 느낍니다. 도와
주긴 했는데 그게 상대방에게 정말 도움이 되었는지
알 수 없다면 어떤 기분이 들겠습니까?"

　그랜트가 언급한 점은 누구나 아는 것이지만 실
제로 큰 효과가 있다. 지금 당장 실천에 옮겨 보면 생
각했던 것보다 훨씬 더 유용하다는 것을 알게 될 것
이다.

🔍 TED 강연 들어보기

하이디 그랜트:
'도움을 요청하여
승낙을 얻어내는 방법'
2019년

미셸 L. 설리반(Michele L. Sullivan):
'도움을 청하는 것은
약점이 아니라 강점이다'
2016년

패닉을 긍정적인 요소로 만들어라

장의적인 비전을 발견하려면,
때로는 '그것을 잃어버려야' 한다.

영화감독이라는 말을 들으면 자기가 뭘 원하는지 정확히 아는 사람이라고 생각하기 쉽다. 하지만 셰카르 카푸르(Shekhar Kapur) 감독은 조금 다르다. '자신에게 말하는 이야기가 곧 우리 자신이다'라는 강연에서 엘리자베스 세트장에 첫발을 내디딜 때 매우 혼란스러운 기분이었던 순간을 떠올렸다. "사람들이 다 나만 쳐다보고 있었어요. 아침에 200명이나 모여 있었죠. 다들 '오늘 뭐부터 할까요? 어떻게 진행하실 건가요?'라고 물었죠. 하지만 나도 뭐부터 해야 할지 모르겠더라고요. 완전 패닉 상태였습니다."

영화 주인공을 맡은 케이트 블란쳇은 감독에게 자신에게 무엇을 기대하느냐고 물었다. "그때 이렇게 대답했죠. '당신은 아주 훌륭한 배우잖아요. 나는 배우들에게 기회를 주고 싶어요. 당신이 하고 싶은 것을 먼저 내게 보여주면 어때요?' 네, 사실 저는 시간을 좀 벌려고 그렇게 말했습니다."

하지만 놀랍게도 카푸르 감독은 그렇게 진땀을 흘린 순간을 부정적으로 보지 않는다. 사실 그의 창작 과정에서 그런 순간은 매우 중요한 부분을 차지한다.

"패닉 상태는 정신을 밀어내는 유일한 방법이기에 창의성에 대한 훌륭한 접근 방식이 됩니다."라고 그는 설명한다. "밖으로 나와. 거기서 나오란 말이야. 그리고 우주로 가 보자. 왜냐하면 거기에는 네 정신보다 더 진실한 것, 너의 우주보다 더 진실한 것이 있으니까."

카푸르와 마찬가지로 배우와 음악가도 종종 무대에 오르기 전에 잔뜩 긴장하는 것이 전체 공연에서 매우 중요한 부분이라고 말한다. 그리고 아마 그런 접근 방식은 다른 창의적인 직업에도 적용해야 한다. 그러니 다음번에 패닉 상태가 심해지는 느낌이 들어도 너무 걱정하거나 이를 부정하려고 애쓸 필요는 없다. 오히려 패닉 상태는 당신에게 꼭 필요한 촉매제가 될 수도 있다.

> **패닉 상태는 정신을 밀어내는 유일한 방법이기에 창의성에 대한 훌륭한 접근 방식이 됩니다.**
>
> 셰카르 카푸르

🔍 **TED 강연 들어보기**

셰카르 카푸르:
'자신에게 말하는 이야기가
곧 우리 자신이다'
2009년

올리비아 레메스[Olivia Remes]:
'불안을 극복하는 방법'
2017년

영감을 엮어서
미래를 바라보라

창작자로서 우리는 자신과 더 넓은 세상을 위해
미래의 새로운 비전을 상상해야 할 독특한 처지에
있다. 9장에서는 미래의 비전을 상상하는 데
도움이 되는 조언, 아이디어, 실용적인 방법을
살펴볼 것이다.

새로운 방법으로 미래를 생각하라

새로운 영감의 원천이 있으면 더 나은 아이디어가 나온다.

미래에 대한 비전은 일반적으로 할리우드에서 만들어지며, 하늘을 나는 자동차와 같은 진부한 표현도 이러한 비전에 포함된다. 미래학자이자 디자이너인 안젤라 오군탈라(Angela Oguntala)는 '미래를 재구상하라'는 강연에서 각자의 경험을 넘어 생각의 범위를 넓혀야 한다고 말한다.

예를 들어 카리브해 공상과학 소설을 읽어 보면 어떨까? 오군탈라는 "지구에서 휴가를 보내려고 쿠바인의 시체를 빌려 온 외계인의 이야기입니다."라고 말한다. "자메이카의 전통문화 및 마술에 기반을 둔 감시용 로봇의 이야기입니다. 극한의 기상 현상과 기후 변화로 인해 형성된 카리브해의 종말론적 세계를 다루고 있습니다."

이런 종류의 이야기는 우리에게 더 나은 아이디어를 제공한다. 오군탈라는 그 이유를 이렇게 설명한다. "우리가 미래를 어떻게 상상하느냐는 누가 상상하느냐에 달려 있다는 사실을 부각하기 때문입니다. 상상의 주체와 관련된 전통, 역사, 언어, 신화에 따라 미래에 대한 상상이 달라집니다." 그래서 오군탈라는

필리핀의 공상과학 소설도 읽어 보라고 말한다. "나이지리아에서 만들어진 아포칼립스 이후의 모습을 상상한 영화도 감상해 보세요. 이런 식으로 새로운 관점에서 '만약에 이렇다면?'이라고 상상한 이야기들을 계속 찾아보기 바랍니다."

🔍 TED 강연 들어보기

안젤라 오군탈라:
'미래를 재구상하라'
2016년

대니얼 서스킨드(Daniel Susskind):
'일의 미래에 대한 3가지 오해(와 그것이 사실이 아닌 이유)'
2017년

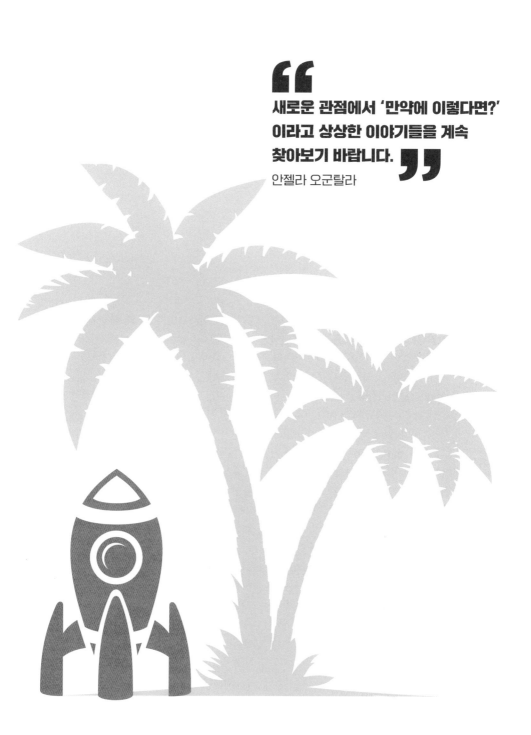

> **새로운 관점에서 '만약에 이렇다면?'
> 이라고 상상한 이야기들을 계속
> 찾아보기 바랍니다.**

안젤라 오군탈라

멀티포텐셜라이트가 돼라

딱 한 가지 분야가 아니라 여러 가지 다양한 분야에서
동시에 잘할 수 있다.

남은 평생 같은 일을 해야 한다고 생각하면 끔찍한가? 하지만 당신은 혼자가 아니다. 작가 겸 예술가인 에밀리 와프닉은 '우리 중 일부 사람이 진정한 소명을 찾지 못하는 이유'라는 강연에서 그 점을 설명한다.

젊은 시절에 와프닉은 자신에게 뭔가 문제가 있는 것 같아서 걱정이 많았다. 어떤 일에도 오랫동안 집중하거나 매달리지 못했기 때문이다. "제가 한 가지에 헌신하는 것을 싫어하는 것 같아서 두려웠어요. 하나의 완성품이 아니라 산산이 깨진 조각이 된 느낌이었죠. 내 앞길을 나 스스로 막는 것이 아니냐는 생각도 들었습니다."

그녀는 이런 마음이 드는 것은 이 사회가 어린아이에게 "넌 커서 뭐가 되고 싶어?"라고 묻는 습관이 있기 때문이라고 말한다. "그렇게 질문하면 아이는 자기 미래에 대해 상상하기 시작합니다. 하지만 아이들의 무한한 가능성을 다 펼치는 데 전혀 도움이 되지 않습니다. 오히려 그 반대로 한 가지만 생각하게 할 수 있죠."

왜 그럴까? 와프닉은 어린아이가 하고 싶은 일을 목록으로 만들어놓으면 '못된 어른들이 이를 보고 비웃기 때문'이라고 말한다. "'와, 정말 귀여운 생각이구나. 하지만 바이올린 제작자와 심리학자라는 꿈은 동시에 이룰 수 없어. 둘 중 하나를 선택해야 한다.'라고 말하죠."

하지만 어른들의 말은 현실과 다르다. 와프닉은 두 가지 실제 사례를 다음과 같이 소개한다. "이분은 밥 차일즈(Bob Childs) 박사님입니다. 현악기를 만들거나 수리하는 일을 하면서 동시에 심리치료사로 활동하고 있죠. 그리고 이분은 에이미 응(Amy Ng)이라고 하는데, 잡지 편집자로 일하다가 지금은 일러스트레이터, 기업가, 교사, 크리에이티브 디렉터로 활동하고 있습니다."

와프닉은 이런 사람을 일컬어 멀티포텐셜라이트(multipotentialite)라고 부른다. 이들은 어떤 직장에서나 매우 소중한 구성원이다. "전문가는 아주 깊이 파고들어서 아이디어를 실행에 옮기지만, 멀티포텐셜라이트는 프로젝트에 폭넓은 지식을 제공하는 역할을 합니다. 둘이 함께 일하면 더할 나위 없는 조화를 이룰 수 있습니다."

팀 하포드의 '타고난 창의성을 발휘하는 놀라운 방법(13쪽)'이라는 강연에서 이미 배웠듯이, 멀티태스

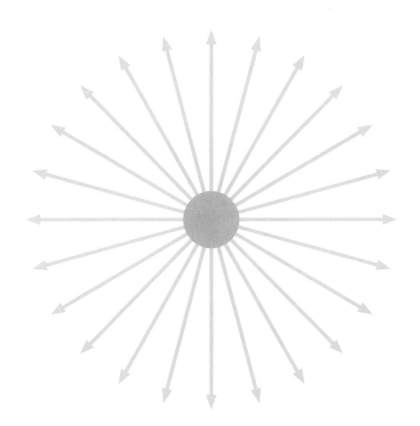

킹을 하면 창의성에 날개를 달 수 있다. 따라서 다양한 창의적인 분야에 관심이 생겨서 어느 쪽으로 가야 할지 고민이 된다면, 자책하지 말고 오히려 기뻐해야 한다. 와프닉은 "하고 싶은 일이 많다면 모두 해 보세요."라고 말한다. "호기심이 이끄는 대로 따라가 보세요. 토끼굴 속으로 들어가 보는 거죠. 그곳에서 여러 길이 교차하는 지점을 찾아보세요. 내면의 호기심과 열정을 따라가다 보면 더 행복하고 더 진정한 인생을 누리게 될 겁니다."

🔍 TED 강연 들어보기

에밀리 와프닉:
'우리 중 일부 사람이 진정한
소명을 찾지 못하는 이유'
2015년

스콧 딘스모어(Scott Dinsmore):
'자기가 좋아하는
일을 찾는 방법'
2012년

호기심이 이끄는 대로
따라가 보세요. 토끼굴
속으로 들어가 보는
거죠. 그곳에서
여러 길이 교차하는
지점을 찾아보세요.

에밀리 와프닉

돈이 아니라 꿈에 집중하라

바람직하지 않은 보상에 집중하면
창의성을 무너뜨리게 된다.

사람들이 금전적 성과보수에 쉽게 반응하는 것은 당연한 이치처럼 여겨진다. 급여를 더 주거나 보너스를 지급하면 직원들이 더 열심히 일하거나 더 좋은 성과를 내기 때문이다.

하지만 알 고어 대통령의 연설문을 담당했으며 현재 경력 분석가로 활동하는 댄 핑크(Dan Pink)는 이러한 생각에 동의하지 않는다.

'동기 부여의 수수께끼'라는 강연에서 그는 금전적 인센티브로 사람들을 움직이는 방식은 수준이 낮고 기계적인 유형의 작업에서는 효과가 있음을 인정한다. 하지만 창의성이나 문제 해결 과제에서는 어떤 연구를 보더라도 금전적 인센티브를 제시할수록 오히려 성과가 더 나빠지는 것으로 드러났다.

왜 그럴까? 창의적인 일을 하는 사람들의 경우, 돈이 아니라 창의적인 업무 자체가 동기를 부여하기 때문이다.

핑크는 "창의적인 일은 내적인 동기가 차지하는 비중이 매우 큽니다."라고 설명한다. "그 일이 중요하기 때문에 해내려는 마음이 크고, 자신이 좋아하는 일이거나 일 자체가 재미있어서, 또는 어떤 중요한 일의 일부이기 때문에 해내겠다고 마음먹는 겁니다."

핑크는 이제 우리가 모두 본능과의 싸움을 멈추고 있는 그대로 받아들일 때라고 말한다. "당근과 채

찍이라는 게으르고도 위험한 개념을 극복한다면, 사업을 더 강화하고 많은 문제를 해결할 수 있습니다. 어쩌면 이 세상을 바꾸게 될지도 모릅니다."

앞으로 새로운 프로젝트를 고려할 때 돈을 얼마나 벌 수 있느냐에 너무 집착하지 마라. 그보다는 그 일이 자신에게 어떤 느낌을 줄지 생각해 보라. 돈을 벌어야만 힘이 나는 사람이라면 행복을 찾거나 생산적으로 일하거나 영속적인 가치가 있는 결과물을 만들어내기 어렵다.

TED 강연 들어보기

댄 핑크:
'동기 부여의 수수께끼'
2009년

토니 로빈스(Tony Robbins):
'우리가 이 일을 하는 이유'
2006년

돈을 벌 수 있는 새로운 방법을 찾아라

인터넷은 의욕 넘치는 예술가에게
새로운 돈벌이 기회를 열어줄 수 있다.

누구나 인터넷을 즐겨 사용하지만 많은 창작자가 인터넷 때문에 재정적 어려움에 부딪혔다. 물리 매체 판매량이 급감했고 불법 복제 때문에 영화나 TV 매출이 큰 타격을 입었다. 뉴스와 잡지 발행 부수도 예전과 달리 크게 줄어들었다.

하지만 모든 동전에는 양면이 있다. 음악가이자 기업가로 활동하는 잭 콘테(Jack Conte)는 '디지털 시대에 예술가가 (최종적으로) 돈을 버는 방법'이라는 강연에서 인터넷에도 돈을 벌 수 있는 새로운 기회가 있다고 말한다.

한 가지 사례를 살펴보자. 콘테는 새뮤얼 얌(Samuel Yam)이라는 친구와 페이트리언(Patreon)이라는 플랫폼을 만들었다. 다양한 분야의 예술가들이 팬에게 직접 후원받게 해주는 플랫폼이다. 역사적으로 예술가들이 소수이 부유한 귀족에게 후원받은 것과 비슷한데, 지금은 후원금을 내는 팬이 훨씬 더 많다. 콘테는 "이 플랫폼 덕분에 많은 것이 달라질 겁니다. 예술을 창작하는 사람과 그 결과물을 좋아하는 사람을 직접 연결해주니까요."라고 말한다.

하지만 그는 페이트리언처럼 다양한 도구나 서비스가 계속 등장하여 창작가들이 사람들에게 널리 사랑받는 창작 활동을 계속할 수 있을 것으로 생각한다. 콘테는 아주 들뜬 목소리로 "약 100년이라는 이

과도기가 끝나면 창작가들이 살 만한 세상이 올 겁니다. 그때는 아주 멋진 새로운 기기가 나올지 모르죠. 그러면 창작가들이 돈도 벌고 사람들에게 가치 있는 존재로 인정받게 될 겁니다."라고 말한다.

자신의 예술 활동으로 돈을 벌 수 있는 다양한 방법을 전부 찾아보길 바란다. 아직 그렇게 하지 않았다면 당장 검색을 시작해야 한다. 어쩌면 아주 괜찮은 돈벌이 기회를 놓치고 있을지도 모르니 말이다!

TED 강연 들어보기

잭 콘테:
'디지털 시대에 예술가가
(최종적으로) 돈을 버는 방법'
2017년

하디 엘데벡(Hadi Eldebek):
'예술가는 왜
가난해야 하는가?'
2016년

디자인에 기쁨을 가득 채워라

기쁨의 미학을 사용하면 보는 사람에게도
기쁨을 전할 수 있다.

'디자인에서는 디테일이 중요하다(62쪽)'라는 폴 베넷의 강연에서 배운 것처럼, 디자인은 주로 문제 해결과 관련이 있다. 그래서 우리는 디자인을 기쁨이라는 감정과 연결 짓지 않는다. 하지만 디자이너이자 블로거로 활동하는 잉그리드 페텔 리(Ingrid Fetell Lee)는 '기쁨이 숨어 있는 곳과 그것을 찾아내는 방법'이라는 강연에서 우리가 태도를 바꿔야 할지 모른다고 말한다.

10년 이상 연구한 끝에 리는 나이, 성별, 인종과 관계없이 모든 사람에게 기쁨을 주는 몇 가지 요소를 발견했다. 예를 들면 '벚꽃, 비눗방울, 수영장과 나무 위에 지은 집, 열기구, 커다란 눈, 아이스크림콘, 특히 위에 과자를 뿌린 아이스크림'이 있다. 이런 것의 공통점은 '둥글고, 선명한 색상이 눈길을 사로잡으며, 대칭적인 모양을 가지고 있다는 것, 그리고 풍성하고 다채로운 느낌을 주며, 가볍고 위로 날아갈 듯한 이미지'를 가지고 있다는 것이다

리는 이러한 미학을 디자이너들이 더 많이 사용한다면, 특히 건축이나 실내장식 분야에 종사하는 디자이너들이 그렇게 한다면, 훨씬 더 기쁨을 주는 결과물이 나올지 모른다고 말한다. "기쁨의 순간은 따로 놓고 보면 아주 사소합니다. 하지만 시간이 지나면서 이런 순간이 모이면 아주 큰 의미가 있습니다. 지금 우리는 기쁨을 받아들이고 좀 더 자주 기쁨을 느낄 수 있는 방향으로 가야 하지 않을까요?"

작곡하거나 소설을 집필하거나 그림을 그리거나 그래픽 디자인을 완성하느라 애쓰는 중인가? 어쩌면 기쁨이라는 요소가 빠져서 마무리 과정이 어려운 것인지 모른다. 기쁨이라는 요소를 넣어서 좋은 결과를 얻길 바란다.

TED 강연 들어보기

잉그리드 페텔 리:
'기쁨이 숨어 있는 곳과
그것을 찾아내는 방법'
2018년

스테판 사그마이스터(Stefan Sagmeister):
'행복을 디자인하다'
2004년

미래의 비전을
설계하는 방법

미래를 설계할 때는 사람 중심적인
접근 방식이 가장 좋다.

디자이너 아나브 자인(Anab Jain)은 남편과 함께 미래의 비전을 설계하는 데 적잖은 시간을 투자한다. 하지만 우리 중 많은 사람은 미래가 너무 빨리 다가온다고 느끼며, 그로 인해 불안을 느끼고 상황을 통제할 수 없다고 생각하게 된다. "그래서 우리는 그저 미래에 대해 손을 놓고 있습니다. 미래의 '나'와 어떤 연결 고리도 만들지 못한 상태입니다."

그녀는 '우리가 다른 미래를 상상해야 하는 이유'라는 강연에서 좀 더 사람 중심적인 접근 방식이 필요하다고 주장한다. 일례로 그녀가 아랍에미리트와 협력하여 미래 에너지 전략을 구상했을 때를 회상하며 이렇게 설명한다. "함께 일하던 사람이 이런 말을 했습니다. '미래에 사람들이 차를 운전하지 않고 대중교통을 이용할 거라고는 도저히 상상하기 어렵습니다. 당장 내 아들에게 운전을 그만두라는 말도 절해 못할 것 같습니다.'"

하지만 자인과 그녀의 남편은 이미 마음의 준비를 끝낸 상태였다. 자인은 이렇게 설명한다. "과학자들과 함께 연구하면서 우리가 지금처럼 행동할 때 2030년에는 공기가 어떤 상태일지 대략 예측하여 표본을 만들었습니다. 2030년의 오염된 유해 공기의 냄새를 맡아보니 어떤 데이터를 통해서도 얻을 수 없는 교훈을 얻게 되었습니다."

자인은 바로 이런 식으로 인류에게 더 나은 미래를 설계할 수 있다고 생각한다. "아직 우리는 방향을 바꿀 기회, 우리의 목소리를 낼 기회, 우리가 꿈꾸는 미래를 직접 만들어갈 기회가 있습니다." 이러한 사람 중심적인 접근 방식을 사용하면 이해관계자에게 우리가 설계한 미래가 올바른 접근 방식이라는 것을 확신시킬 수 있지 않을까?

🔍 **TED 강연 들어보기**

아나브 자인:
'우리가 다른 미래를
상상해야 하는 이유'
2017년

댄 길버트(Dan Gilbert):
'행복을 디자인하다'
2014년

데이터를 사용하면 더 나은 디자인을 만들 수 있다

실시간 정보는 패션을 더 민주적으로 만들어 준다.

어디를 둘러봐도 창작자는 고객 정보를 수집하여 새로운 추세를 예측할 새로운 방법을 찾고 있다. 이렇게 하면 진정한 창의성을 죽이는 걸까? 패션 바이어로 일하는 스티브 브라운(Steve Brown)은 전혀 아니라고 말한다. 오히려 데이터는 디자이너가 좋아하는 일에 더 집중하는 데 도움이 된다.

'어떻게 데이터가 패션의 미래를 주도하는가'라는 강연에서 브라운은 스마트 탈의실이 생겨나고 있다고 말한다. "탈의실의 거울은 사실상 커다란 터치스크린입니다. 옷에 달린 태그를 통해 사람이 무슨 옷을 입었는지 알아낸 다음 이렇게 알려 줍니다. '이봐요. 지금 입어보려는 그 셔츠는 5가지 색상이 있고, 치수도 다음과 같습니다' 다른 치수를 입어봐야겠다고 판단하면 거울이 매장 직원에게 즉시 메시지를 보내서 고객이 원하는 치수를 가져오게 합니다."

그게 전부가 아니다. "지금 연구원들은 패션쇼에서 관객의 눈동자 반응을 살피는 기술을 보유하고 있습니다."라고 브라운은 설명한다. "한번 상상해 보세요. 당신은 지금 패션쇼 첫 줄에 앉아 있습니다. 당신의 눈동자가 어떤 반응을 보이느냐에 따라 다음 디자이너가 선보일 디자인이 달라질 수도 있습니다."

이런 변화가 있다고 해서 디자이너가 필요하지 않다는 의미는 아니다. 그저 디자이너의 역할이 달라지는 것이다. 브라운은 이렇게 말한다. "미래의 패션 디자이너는 혁신가이자 비전을 만드는 사람이며, 어떤 것을 만들기 전에 소비자와 실시간으로 상호작용할 수 있습니다. 디자이너는 불과 몇 분 안에 특정한 패턴이 들어간 스타일이나 모든 치수를 디자인하거나 서류로 정리하거나 직접 만들어낼 수 있습니다." 이렇게 눈부신 기술이라면 당신의 창의성을 더 온전히 활용하게 도와주지 않을까?

Q TED 강연 들어보기

스티브 브라운:
'어떻게 데이터가 패션의 미래를 주도하는가?'
2017년

카우스타프 데이(Kaustav Dey):
'패션은 우리가 누구인지, 그리고 우리가 무엇을 대표하는지 드러내는 데 어떻게 도움이 되는가?'
2017년

자신만의 미래를 그려 보라

창의적인 꿈을 시각화하면 꿈을 달성하는 데 도움이 된다.

많은 사람이 창의적인 꿈을 품고 살아간다. 그런데 안타깝게도 작가인 페티 도브로울스키(Patti Dobrowolski)는 '당신의 미래를 그려 보라-당신의 인생을 통제하라'라는 강연에서 대다수 사람이 실제로 그 꿈을 추구하지 않는다며 이는 상당히 부끄러운 일이라고 말한다.

도브로울스키는 "당신이 원하는 삶을 살아볼 수 있습니다. 바로 당신의 눈앞에 있으니까요. 그런 인생을 자기 것으로 만들려면 먼저 눈으로 보고 믿어야죠. 그런 다음에 그 비전을 실행하는 데 도움을 얻기 위해 자기 두뇌에 부드럽게 요청하고 그것에 맞게 두뇌를 훈련해야 합니다."

가장 먼저 할 일은 목표를 시각화하는 것인데, 자신이 꼭 바라는 일을 그림으로 그려봐야 한다. 도브로울스키는 이렇게 설명한다. "그림은 움직임을 만드는 힘이 있어요. 그림은 여러 나라를 하나로 묶을 수 있고 마음을 사로잡거나 마음속에 뭔가를 해내고 싶은 강한 열망을 넣어줄 수도 있습니다."

그녀는 화가가 아니어도 전혀 문제가 없고, 그림을 전혀 그릴 줄 몰라도 괜찮다고 강조한다. 미래를 잘 계획하기 위해 올바른 마음가짐으로 자신을 바라보는 것이 더 중요하다. "당신의 그림이 아무리 순진무구한 상태라고 하더라도, 현재 있는 곳, 현재 상태, 원하는 곳과 원하는 현실을 그림으로 표현하면 그 순간 새로운 변화를 위한 로드맵을 갖게 됩니다."

그래서 이것은 자기 아이디어를 행동에 옮겨서 현실로 만드느냐의 문제이다. "그러니까, 매일 아침에 눈을 뜨면 자신의 그림에 흠뻑 빠져들어서 새로운 가능성으로 한 걸음 내딛으세요. 실천에 옮기는 것이 가장 중요한 부분입니다." 인생은 단 한 번뿐이다. 그러므로 도브로울스키의 제안대로 지금 당장 그림을 그려 보자. 손해를 볼 것은 전혀 없으니 말이다!

Q TED 강연 들어보기

페티 도브로울스키:
'여러분의 미래를 그리세요'
2015년

아샨티 존슨(Ashanti Johnson):
'시각화의 힘'
2018년

세상을 바꾸는 창의성, TED 강연 100

1판 1쇄 발행   2024년 7월 20일

글쓴이	톰 메이
옮긴이	정윤미

펴낸이	이경민
펴낸곳	㈜동아엠앤비
편집	이용혁
디자인	이재호
출판등록	2014년 3월 28일(제25100-2014-000025호)
주소	(03972) 서울특별시 마포구 월드컵북로22길 21 2층
홈페이지	www.dongamnb.com
전화	(편집) 02-392-6901 (마케팅) 02-392-6900
팩스	02-392-6902
전자우편	damnb0401@naver.com
SNS	🅕 📷 📖

ISBN	979-11-6363-865-0 (03190)

※책 가격은 뒤표지에 있습니다.
※잘못된 책은 구입한 곳에서 바꿔 드립니다.